O Filósofo

Histórias de um Pequeno Pensador

Rosabela Paz
Ditado pelo espírito Mel

O Filósofo

Histórias de um Pequeno Pensador

© 2003, Madras Editora Ltda.

Editor:
Wagner Veneziani Costa

Produção e Capa:
Equipe Técnica Madras

Revisão:
Verônica Rita Zanatta
Elaine Garcia
Heloísa Austregésilo

ISBN: 85-7374-716-1

Proibida a reprodução total ou parcial desta obra, de qualquer forma ou por qualquer meio eletrônico, mecânico, inclusive por meio de processos xerográficos, incluindo ainda o uso da internet sem a permissão expressa da Madras Editora, na pessoa de seu editor (Lei nº 9.610, de 19.2.98).

Todos os direitos desta edição reservados pela

MADRAS EDITORA LTDA.
Rua Paulo Gonçalves, 88 — Santana
02403-020 — São Paulo — SP
Caixa Postal 12299 — CEP 02013-970 — SP
Tel.: (0_ _11) 6959.1127 — Fax: (0_ _11) 6959.3090
www.madras.com.br

Dedicatória

Para Mamãe Ana
Mel
Para Guilherme, um sábio
Rosabela

Índice

Prefácio 9
Prólogo
   A Amizade 11
Capítulo I
   O Cidadão das Estrelas 13
Capítulo II
   O Anjo Sonhador 23
Capítulo III
   Raios da Eternidade 31
Capítulo IV
   Uma Dúvida de Amor 41
Capítulo V
   O Mundo dos Sonhos 51
Capítulo VI
   A Morte é o Japão 63
Capítulo VII
   Os Donos do Tempo 75
Capítulo VIII
   As Doces Cristuras 87
Capítulo IX
   O Paraíso Perdido 101

Capítulo X
O Grão de Luz 111
Capítulo XI
A Sociedade do Jesus Cristinho 123
Capítulo XII
O Espírito é Luz 133
Capítulo XIII
A Felicidade é Quentinha 145
Capítulo XIV
As Muitas Vidas 153
Capítulo XV
No Rastro das Estrelas 161
Epílogo
O Amor Está no Rastro da Felicidade 169

Prefácio

 Alice é um Espírito sotoangélico, que são espíritos purificados que se preparam para serem ordenados Anjos Guardiães.
 Viveu na Terra há mais de 2 mil anos, numa pequena aldeia na região da Ásia. Nas colônias, trabalha com curas espirituais e como guia de recém-desencarnados.

Prólogo:

A Amizade

Estou impressionada! Desde que cheguei ao astral não via alguém tão diferente! Quero escrever logo este livro para poder contar a todos sobre ele: Merlos! Só espero que mamãe leia o livro também; queria contar pessoalmente a ela. Merlos é um garotinho: o filósofo da colônia! Isso mesmo! Filósofo! Bem, terei tempo de falar sobre ele. Acho melhor agora apresentar-me. Sou Melissa e tenho 23 anos. Todos me chamam de Mel. Desencarnei há cinco anos, mas isso agora não importa, já passou e estou muito bem.
Vivo agora no mundo astral. Sim, sei que você não conhece a espiritualidade, ou melhor, pensa que não conhece. Não lembra... é isso. Mas isso é bobagem, você, meu leitor, esteve no astral várias vezes, desencarnado, e outras tantas, suspenso por seu cordão de prata, durante os sonhos. Então é bem capaz de, ao me ouvir descrever lugares e situações, poder lembrar vagamente de uma coisa ou outra. Não se surpreenda portanto, tá?
Eu vivo numa colônia muito bonita. Chama-se Solar do Sonho e é um lugar muito agradável. Ali, moro no Sítio Spirity. Colônias, você sabe, são cidades espirituais. São mais agradáveis que as cidades da Terra, pode ter certeza.
Solar do Sonho é linda. Aqui tudo funciona perfeitamente. Os habitantes são muito legais e sinto-me bem-vinda. Quase não tenho saudade da Terra. Bom, não vou exagerar. Saudade, volta e meia, bate. Isso é normal. Mas estou feliz no astral. Como sou recém-desencarnada ainda trago muitas "manias", por exemplo, sou romântica. Mas também gosto de coisas modernas, não que um espírito

não possa ser moderno e romântico. Na colônia existe muita modernidade, como a arquitetura das construções, por exemplo. E romantismo, como namoro entre recém-chegados. Tudo no astral é bonito! Como todo mundo da colônia, tenho um guia celestial. Ela se chama Alice e é um espírito sotoangélico, quer dizer, que se prepara para tornar-se um Anjo Guardião na Terra. Não é maravilho isso? Sinto orgulho de ser sua discípula, bem queria que, uma vez reencarnada, ela fosse então meu anjo. Alice também é guia de Merlos, o meu amiguinho filósofo. Agora vou contar tudo sobre ele. Sabe que eu o conheci por acaso? Pois é. Vamos ver?

Capítulo I

O Cidadão das Estrelas

Solar do Sonho é mesmo linda! Adoro passear por aqui. Tem praia, onde adoro caminhar antes do nascer do sol. Aqueles minutos são preciosos para mim porque fico relembrando as coisas lindas que vivi na Terra. Fui tão feliz! Eu, mamãe e papai. Agora estou aqui, longe deles, mas nunca os esqueço e sei que um dia estaremos juntos, os três. Isso é bom, e gosto de pensar sobre isso, imaginar...
Sou feliz no astral, pois tudo é perfeito; a brisa suave que sopra sobre a cidade, vinda do mar!
Solar do Sonho é uma linda colônia espiritual que fica sobre Floripa, em Santa Catarina, onde vivi quando encarnada. Talvez por isso goste tanto da minha colônia.
Nessa manhã, a Praia do Sonho estava deserta. A oração da aurora tinha acabado e os anjos e espíritos que se reuniam ali para orar, já haviam se afastado. Após as preces, meu coração estava em paz; foi então que avistei uma criança. Era um lindo menino e estava brincando na areia. Aproximei-me. Ele tinha feito um castelo, e bem sofisticado, e, agora, escrevia algo na areia, com uma vareta. Fiquei intrigada, não queria ser indiscreta, mas estava curiosa. Espichei o olho e li. Era um poema! Dizia assim:
"Lindo céu! Todo azul e singelo,
Sou tão feliz porque o amor é tão belo."
— Viva!
— O quê?
Ele ergueu para mim uns brilhantes olhos azuis. Nossa! Como era bonito! Até parecia um anjo!

— Eu disse, viva! Desculpe-me se assustei você. Mas fiquei curiosa e... o poema deixou-me tão feliz!
— Que bobagem. É só um verso tolo.
— Não, não é tolo, pois encerra em si uma grande verdade.
— Que o amor é belo?
— E não é?
Ele pareceu irritado. Pegou a vareta e riscou os versos. Eu ia elogiar o castelo, mas achei melhor não dizer nada. Não queria que o destruísse também. Então, ele abriu um largo sorriso.
— Não sou poeta. Sou melhor arquiteto de castelos.
Sorri também e nada disse. Ele ficou ali, sentado, olhando o mar. Como ele não disse nada, sentei-me ao seu lado e pus-me, igualmente, a olhar para o mar. Ele voltou os olhos para mim e perguntou:
— Como se chama?
— Mel. Melissa! Mas me chame de Mel.
— Está no astral há muito tempo, Mel?
— Uns cinco anos, e você?
— Estou aqui há vinte anos.
— Nossa! Mas ainda é uma criança!
Ele sorriu!
— Desencarnei criança e assim fiquei.
— Como você se chama?
— Merlos.
— Que nome diferente! Você é brasileiro?
— Não! Sou escocês. Escolhi morar em Solar do Sonho para ficar perto de Alice, minha guia.
— Sabe que ela é minha guia também?
— Alice é muito boa. Gosto dela.
— E onde você mora?
— No Sítio Margaridas. Mas não vivo só por aqui. Sou cidadão das estrelas.
— Você é criança, mas tem jeito de gente grande. Gostei de conhecê-lo.
— Crianças não são bobas. Os adultos têm uma visão equivocada delas.
— Se você é "cidadão das estrelas", deve viajar muito. Conhece outros planetas?
— Conheço todos os planetas e luas do Sistema Solar. E alguns planetas de outras galáxias. Mas o meu preferido é Netuno. É lá que costumo traçar meus projetos.

Fiquei surpresa, e ri.
— Nossa, uma criança cheia de projetos!
Ele balançou a cabeça.
— Tsk! Tsk! Está desprezando as crianças! Como fazem os adultos.
— Desculpe-me. Só achei graça. Não quis ofender.
— Tudo bem. Já estou acostumado.
— Fale-me de seus projetos.
— Um dia. Um dia falarei deles para você.
— Você é misterioso!
— O mistério pertence a Deus. Ele é o Senhor dos Mistérios. Eu sou simples como todos os espíritos.
— Acha que a vida é simples?
Os olhos dele brilharam.
— Não percebe? Somos transparentes e claros. Somos feitos de amor, então é só amor que buscamos.
— Nunca tinha pensado nisso!
Ele se levantou.
— Acho que não costuma pensar muito.
Eu me levantei também. Ele começou a caminhar e eu o segui. Era um lindo início de manhã e eu estava fascinada com meu novo amiguinho. Ele era um tanto rude, mas trazia em si toda a doçura do mundo.
Murmurei:
— Você não fala como criança.
— Se já vivi outras vidas, então acredita que não trago sabedoria em mim?
— Mas se não recorda as vidas passadas...
— Oh! Mas trazemos a impressão atávica de antigos conhecimentos. Todo mundo traz. De que outra forma seríamos capazes de aprender?
— Tem razão. A gente sabe coisas e surpreende-se com elas.
— Pois então!
Ele estacou e ficou olhando o incrível mar. Como era doce o seu rosto! Apontou a linha do horizonte.
— Olhe só! O céu encontra-se com o mar. O que lhe parece?
— Bem... não sei. É bonito.
— É como a vida encontrando-se com a morte.
— Que quer dizer?

Ele fez um ar misterioso.
— Um dia eu lhe explico.
E voltou a caminhar, com um ar maroto. Seu rosto estava corado agora.
— Você é enigmático!
— Você precisa aprender a pensar! Já vi que não se esforça muito.
— Você acha? Mas eu...
Então ele começou a correr, entre risos. Gritava para mim:
— Aposto que não me pega. Sou mais rápido que você!
— Vale volitar? — e comecei a correr atrás dele. Ele gritou "não!", e continuou correndo na areia. De fato era ligeiro. Vi quando tomou a direção do mar e, em seguida, sumiu!
Fiquei atônita. O que tinha havido? Ele poderia ter se afogado, sendo um espírito?! Fiquei gritando "Merlos! Merlos!!" e nem sinal dele! Fiquei tão assustada que caí na areia e me pus a chorar.
De repente, ouvi um riso atrás de mim. Era a vozinha de Merlos.
— Pensou que eu me "afoguei"? Não acredito!
Olhei para ele. Estava sequinho.
— Está seco! Mas...
— Mas eu nem mergulhei! Apenas... puf! Desapareci! Sei ficar invisível!* Aposto que você não sabe!
— Nunca me preocupei com isso.
— Você é muito chata!
— E você muito bobo!
Ele começou a volitar. Estendeu a mão para mim e ergueu-me no ar. Continuamos nosso caminho, dessa vez flutuando.
— Não se faça de difícil. Sei que gostou de mim.
— Ah é? — retruquei. — E como pode ter certeza?
— Porque também sei ler pensamentos.
— Qualquer espírito sabe!
— Mas não você! "Nunca se preocupou com isso!"
Dei de ombros.
— Não mesmo. Isso é criancice. E invasão de privacidade.
— Você não é muito esperta.

---

* Espíritos purificados podem, por momentos, tornarem-se invisíveis para recém-desencarnados, tomando a constituição dos elementos etéreos do mesmo mundo astral. (Mel)

O Cidadão das Estrelas

— Você se julga o mais esperto de todos! Ele largou minha mão e se deixou cair no solo, como um pacote. De repente, tinha lágrimas nos olhos. Sua voz soou fraca.
— Não. Sou um bobalhão.
Sentei-me ao seu lado. Tomei suas mãos.
— Merlos! Por que diz isso?
— Porque sou covarde.
— E por que se julga covarde?
Ele suspirou. Secou as lágrimas.
— Porque não tenho coragem de crescer. Tenho medo.
— Medo?
— Não quero lembrar os fatos de minhas vidas passadas. E assim não crescerei nunca.
— Mas não quer! E por quê?
— Você não entende, Mel? Se eu lembrar das outras vidas, serei outra pessoa. Não serei mais só eu!
Comecei a rir. Como ele podia ver as coisas dessa forma? Era engraçado, eu não parava de rir. Ele pareceu bravo.
— Puxa! Não dá para falar com você!
— Desculpe-me! Mas como pode se tornar outra pessoa se, em todas as suas vidas, só foi você mesmo?
Ele ficou em silêncio. Corou. Depois levantou-se e, sem dizer uma palavra, ficou olhando o mar.
Olhei para ele. Segundos depois, Merlos falou:
— Você acha que o mar é só isso que vemos?
— Claro que não. É muito maior. Mais profundo. Ora, Merlos. Nós sabemos disso! Mas, por maior e mais misterioso que seja o mar, sua memória é a água. Como você...
— Como eu, independentemente de quantas vidas vivi, sou eu mesmo!
— Certo. E então?
— Ele balançou a cabeça, parecendo aflito.
— Blá-blá-blá! Isso não me convence! Tenho medo! E se eu descobrir uma coisa ruim?
— Mas se você é bom — levantei-me —, se algo de errado houver, ficou no passado distante! — Ele chutou uma concha.
— Mas não é só isso — tinha um ar maroto outra vez. — Não quero crescer! Adoro ser criança!
Dei de ombros

— Bem... se é assim — Vamos deixar de conversa fiada. E recomeçou a caminhar, parecendo agora mais contente. Ia em silêncio, com um ar misterioso. Mas, de repente, voltou a ser o menino levado. Soltou uma risada, depois de examinar-me com os olhos, disse:
— Como você é empertigada!
— Eu? Eu, não!
— Ficou com medo de mim? Acha que sou... estranho... para ser uma criança?
— Ora, Merlos! Você gosta de me desconcertar! Não o acho estranho, nem nada! Acho que quer me provocar!
— Tem razão. Você é que é estranha.
— Eu?? — estaquei, olhando furiosa para ele.
— Mas que atrevido! — Merlos me imitou. Colocou as mãos na cintura e ficou me fitando, com os olhos arregalados.
— Mas não é que você é muito esquisita mesmo?
Aí não agüentei. Comecei a rir porque ele girava os olhos de um lado a outro, como se fossem molas.
— Ai! Não agüento você! — recomecei a caminhar. Ele me seguiu.
— Você não perguntou nada sobre mim!
— O quê, por exemplo?
— Hum... o que eu faço nessa colônia, "por exemplo".
— Hum... o que você faz nessa colônia?
— Por exemplo?
— Sim. Pode dizer?
Ele pensou uns instantes.
— Bem... não sei se devo.
— Não sabe se deve o quê? — já comecei a me irritar. Ele ficou mais sério.
— Se eu disser... Você pode achar que estou mentindo.
— E por que eu acharia?
— Sei lá! Mulheres duvidam de tudo!
— Mas que discurso... machista!
— Eu não sou isso... machista. Sou um filósofo. Filósofos não podem ser machistas. Pensam sobre tudo.
— Muito bem, sr. Filósofo. Imagino então que seja isso que faz em "Solar do Sonho". Filosofia?
Ele pareceu ofender-se, porque corou muito.

— Se você acha que filosofar é uma coisa insignificante, acho que não devia andar comigo!
— Oh... Merlos! Desculpe-me! Não quis dizer isso! Ele abriu um meio sorriso.
— Está bem... sei como é... você pensa: para que serve um pensador?
— Acho que... — eu ia retrucar, mas na verdade não sabia o que dizer. Então não completei a frase. Esperei que ele concluísse sua idéia.
Ele estacou. Pôs as mãos na cintura.
— Escute aqui! Se você pensa que estou no mundo astral para "filosofar", está enganada! Eu trabalho aqui. Trabalho muito!
— Mas filosofia também não é trabalho? Não fui eu quem disse o contrário!
— Sei que não disse, mas pensou!
— Não pensei nada!
Ele resmungou qualquer coisa e chutou uma pedra. Depois aquietou, e abriu um lindo sorriso. Seus olhos azuis brilharam mais.
— Eu tentava dizer... que tenho uma função nobre na colônia. Mas você parece não querer ouvir!
— Puxa! E que função é essa?
Ele fitou-me com um ar desafiador.
— Você parece não querer mesmo usar seus poderes espirituais!
— Que poderes?!
— Telepatia, por exemplo. Se usasse saberia qual a minha nobre função.
Suspirei!
— Está bem, Merlos. Não me preocupei ainda desenvolver a telepatia. Mas será que você pode me dizer, de uma vez por todas, qual sua função nobre no astral?
— Sim, posso.
— E então?
— Sou... um anjoelo! — e Merlos estufou o peito. Parecia mesmo muito orgulhoso. Anjoelo devia ser uma função muito nobre. Mas eu me debatia, que raios afinal, é essa função de anjoelo?! — perguntou Merlos, parecendo ler meus pensamentos e se adiantando às minhas palavras.
— Você...
— ... "Tirou minhas palavras!" Está vendo como ler pensamentos é prático?

— Oh, Merlos! Você é danado!
— Pois vou responder à sua pergunta: anjoelo é um "anjo da luz", um socorrista mirim. É isso. Entendeu?
— Mas isso é bacana!
— Se é!
— E você socorre qualquer espírito necessitado?
— Posso ajudar qualquer um, sim. Mas costumo ir em socorro de jovens espíritos recém-desencarnados, despreparados para viver nas colônias.
— Mas deve ser muito trabalhoso. E complicado. É preciso preparar-se muito.
— É verdade — seus olhos cintilaram —, mas eu AMO o que faço!
Fitei-o agora com outros olhos. Pensei, sinceramente, que fosse só um menininho inteligente e brincalhão. Mas agora via que não. Seu coração era bom. E, nesse instante, passei a admirá-lo.
Sorri.
— Parabéns!
— Ah! — ele corou levemente. Não precisa falar assim. Até parece que leu minha mente e viu que, sendo um bom anjoelo, sinto-me um Jesus Cristinho!
— Gostei da comparação! — sorri mais — Mas não li a sua mente.
Ele corou de vez. Sorriu também.
— Então está bem. Vamos? — tomou minha mão e começou a volitar.
Volitamos sobre o mar. Meia hora depois, deixamos a praia, entre risos e brincadeiras. Eu atirei-me num jardim, esperneando, gritando e rindo.
— Pare! Pare, Merlos! Eu n-nunca p-pensei que espíritos sentissem cócegas!!!
— Não sentem se não quiserem!
Ele riu. Eu continuei a me torcer.
— Pare, Merlos! Pare!!
Ele finalmente desistiu de me fazer cócegas e desabou na grama, ao meu lado, rindo muito. Era mesmo uma criança, e como tal se comportava. Era tão inteligente, e no entanto... acho que aí residia o seu charme. Merlos era surpreendente. Eis tudo. E agora fazia outra vez o seu ar misterioso.
Fitou-me profundamente!

— Pensa, Mel, que me encontrou por acaso?
Gaguejei.
— N-não foi?
Ele arqueou as sobrancelhas.
— Não me diga que acredita em "sorte"... "acaso"...
— N-não... quer dizer, já estudei "A Teoria do Acaso", depois que desencarnei. O acaso não existe em todo o universo.
— Pois então...
— ... Então, não encontrei você por acaso!
— Matou a charada! — e riu com um ar maroto — Puxa! Como você é inteligente!
— Ora, Merlos. Está sempre zombando de mim.
— Bem... não zombarei mais. Não faço por mal. Mas então — ele se sentou, tomando as minhas mãos —, quero que pense: por que o destino nos uniu?
— Bem... — sentei-me também, e cocei a cabeça — por que nos uniria? Deve haver um motivo, sem dúvida.
— Os motivos — disse ele, em tom solene — são vários, sem dúvida. Mas o principal deles, e que resume todos os outros, é que você precisa de mim!
Senti-me vexada. Eu, precisar de uma criança?! Como corei — e também porque ele lia pensamentos —, Merlos percebeu logo meu constrangimento. Isso provocou nele um constrangimento igual. Merlos baixou os olhos.
— Não precisa se ofender. Sou uma criança, mas sou capaz de ajudar um adulto. Sou anjoelo, não sou?
— Desculpe... eu...
— Tenho muita experiência com as dificuldades dos espíritos adultos, e é por essa razão que Alice mandou você para mim.
Prendi a respiração. Por essa eu não esperava. Ele olhou para mim, agora pálido.
— Oh, Oh! Você não sabia... eu...
— Alice... minha guia... se ela me mandou para você, é porque não quer mais me orientar? É isso?
Ele tocou meu rosto, tentando me acalmar.
— De maneira nenhuma! Jamais um guia celestial se desfaz de seu trabalho, jamais recusa um protegido! Não! E Alice tem um carinho especial por você. Não é isso. Porém, Alice, como espírito sotoangélico, está na iminência de se tornar um Anjo Guardião de um encarnado! Mas você já sabe disso.

Levantei-me e pus-me a caminhar, lentamente. Sentia-me, de repente, tão só. As lágrimas afloraram a meus olhos. O anjoelo Merlos volitava a meu lado. Percebeu as lágrimas e sua voz tornou-se mais doce.

— Não fique assim, Mel. Na espiritualidade, sabemos que as pessoas estão sempre reencarnando. Outras passam do estágio de purificação para o da iluminação, e há os guias celestiais, muito depurados, que se tornam Anjos Guardiães, como Alice. Todos temos de estar preparados para essas mudanças.

— Sim. Mas é bem difícil.

Agora eu via lágrimas nos olhos claros dele.

— Ora, Merlos. Claro que estou feliz em tê-lo como guia, junto com Alice, e não me importo nem um pouco que seja uma criança.

Ele tentou sorrir. Por uns instantes ficou parado no ar, feito colibri.

— Então está bem. Não se fala mais nisso. Amigos? — e estendeu uma mãozinha delicada. Sorri e apertei a mão dele.

Ele suspendeu-me no ar.

— Viu como sou forte?

— Ora! — retruquei, rindo — Qualquer espírito faz isso!

Ele me largou e caí na grama.

— Está bem, então — e de repente pôs-se a volitar a uma incrível velocidade, deixando-me sozinha e desaparecendo no horizonte.

Capítulo II

O Anjo Sonhador

À tarde, eu ainda estava intrigada. Aquela criança mexera comigo e plantara mais mistérios que revelações. Na verdade, Merlos me fascinada. Tão infantil e adulto, bom e maroto a um só tempo! Decidi procurar por Alice. Eu sabia que a essa hora ela cuidava do jardim de sua casa, na parte leste da colônia. Volitei até lá. Encontrei-a plantando mais flores no jardim já colorido. Ao me ver, sorriu.

— Olá, Mel! Que surpresa!

— Sei que não costumo aparecer a essa hora e sei que é sua hora de lazer.

— Na verdade, não é lazer. Costumo aproveitar os cuidados com o jardim para meditar.

— Puxa! — senti-me constrangida. — Mas então estou atrapalhando mesmo!

— Não — ela sorriu —, uma vez que já terminei minhas meditações e também já concluí as tarefas de jardinagem!

Ela tirou as luvas e levantou-se.

— Venha, vamos entrar.

Entramos numa sala envidraçada, cheia de flores. Incensos queimavam e uma vela ardia junto à janela.

— As chamas das velas ardem no Cosmo Superior como chamas do Amor Espiritual — disse. — E o incenso purifica o ambiente quando espargimos com ele sobre o local, e as nossas preces se transmudam em energia espiritual.

— Isso é maravilhoso.

— Sente-se, Mel — ela apontou uma poltrona. — Sentei-me, confortavelmente, e ela me imitou, acomodando-se no outro sofá maior. Eu estava meio constrangida. Alice esperou alguns segundos para que eu falasse. Como fiquei muda, ela se manifestou:
— Acho que sei o que a trouxe aqui.
— Sabe?!
— Você pensa que vou deixá-la, uma vez que, em breve, tornar-me-ei um Anjo Guardião na Terra.
As lágrimas banharam meu rosto.
— Você vai... vai partir?
— Ainda não. Devo demorar-me um certo tempo antes de ser ordenada Anjo. Tampouco deixarei agora a colônia, senão por períodos curtos, por causa da Concentração Angelina. Mas creio que você já sabe disso.
— Sim — baixei os olhos — mas não pensava que fosse ganhar um... novo guia.
Ela riu meigamente.
— Sei de quem fala, Mel. Então esteve com Merlos.
— Você preparou o nosso encontro?
— Acaso ordenei a você que fosse onde ele estava? Ou ele veio atrás de você?
— Não, mas... ele disse que nosso encontro não se deu por acaso.
— Sim, como nada no Universo se dá por acaso. Está escrito que Merlos orientará você e então...
— Mas Alice! Eu poderia ter uma criança como guia?
Ela riu mais.
— Mel! Ele não será como eu, o seu guia celestial! Merlos é um Anjoelo e fará as funções de um guia transitório para que não se sinta tão só durante minhas ausências. Ele pode servir de ponte entre você e outros orientadores evoluídos, durante os períodos em que eu estiver fora, como "anjinho guardião".
— Preferiria, então, que meu Anjo Guardião, de verdade, assumisse seu lugar!
Ela pareceu não ligar para minha ranzinzice. Levantou-se.
— Quer chá?
— Aceito apenas meia xícara.
Ela impôs as mãos sobre um bule dourado, que repousava num console, e logo a água dentro dele borbulhou, e a fumaça cheirosa enovelou-se no ar. Pegou duas xícaras e serviu o chá.

— Obrigada!
Ela sorveu um gole do delicioso chá de maçã.
— Sabe, Mel, que os Anjos Guardiões não se manifestam a seus protegidos, senão em ocasiões especiais.
— Gostaria de conhecer o meu anjo.
Ela piscou um olho.
— Quem sabe um dia. Mas não mude de assunto.
— Está certo.
— Você veio até aqui para saber mais de Merlos.
— É isso. Acertou! — suspirei. — Parece que todo mundo lê meus pensamentos.
— Não li seus pensamentos. É evidente.
— Está bem. Pode então falar sobre Merlos?
— O que quer saber?
— Ele me parece estranho. Inteligente... às vezes parece que zomba de mim. Ele me intriga, embora seja uma criança.
Alice sorriu.
— Merlos é um menino encantador. Tem o coração de um pequeno sonhador.
— Com o que sonha?
Ela suspirou.
— Seu sonho é ver a Terra material em paz e em perfeita harmonia. Não se conforma que os homens possam fazer guerra ou praticar atos cruéis uns contra os outros. Por ser ainda criança, seus sentimentos são muito puros e não pode compreender a maldade de certos espíritos.
— Mas às vezes suas palavras ferem.
— Ora, Mel, devia ter percebido que, quando fere, ele está apenas se defendendo de seus próprios sentimentos.
— Como assim?
— Se feriu você de algum modo, isso indica que você tocou o coração dele e que teve vergonha ou medo de demonstrar isso.
— Mas por quê?
— Merlos teve uma infância sofrida na Terra. Seu pai era um homem frio e ele se sentiu rejeitado. Via a mãe sofrer e não podia fazer nada.
— Pobrezinho!
— Compreende agora como reluta em se afeiçoar aos adultos?!
— Mas por que toquei o coração dele? Pouco ou nada sabe de mim.

Alice sorriu. Tinha um ar enigmático.
— Oh, ele sabe muito de você. Será seu guia transitório, já sabe parte de sua história. E, por tudo que sabe, e do pouco que conviveram, já lhe nasceu a afeição no coraçãozinho, como nasceu... no seu coração. E não é só isso.
— O que mais?
Ela pigarreou.
— Nada por ora, Mel. As lembranças chegarão no momento certo.
— Lembranças?
— Não pense nisso agora.
— Será que ele gostou mesmo de mim? Tive a imprensão de que se sentia irritado comigo.
Ela riu.
— Ora, Mel, que bobagem! Acho que também está se defendendo para não se afeiçoar a uma criança.
— E por que faria isso?
— Talvez... se sinta constrangida por ter uma criança como seu guia transitório. Ou...
— Ou?...
— ... Não queira amar Merlos como se ama... a um filho.
Suspirei. Era mesmo boba, e é claro que já gostava de Merlos. Alice segurou minha mão.
— Não se sinta envergonhada. Os jovens acham sempre que sabem mais do que os idosos e do que as crianças.
— Pois sou tola mesmo!
— Bobagem — disse ela, enquanto servia mais um pouco de chá. Beberiquei um pouco e então perguntei:
— Se Merlos é um Anjoelo, um dia será anjo também?
— Um Anjoelo é um aspirante a anjo, entre outras coisas, mas ainda está muito longe disso. Dizem ser "Anjos da Luz" por viverem para a luz.
— Foi o que imaginei.
— Merlos — disse ela — é um menino sábio. Deve sentir-se feliz por tê-lo como guia.
— Eu estou feliz... mas também estou triste.
— E pode me dizer por quê?
— Ora, você sabe. Logo se tornará um Anjo e então... desaparecerá de minha vida.

Ela segurou minhas mãos.
— Meu amor, espíritos jamais se separam depois que o amor nasce entre eles. A distância física pode existir, mas é só isso. Espíritos não precisam de presença física para se comunicar. E levarei você comigo, estarei sempre com você, em todo lugar.
— Mas isso é possível? — eu tentava conter o choro, mas Alice não se envergonhava de se emocionar. Vi lágrimas brotarem de seus olhos doces.
— Acaso sente que está longe de todos que amou na Terra?
— Não! Eles estão todos no meu coração! — e não contive mais o pranto. Mergulhei o rosto nas mãos. Alice me abraçou.
— Você tem razão. O Amor não morre. Ele está sempre conosco e nos acompanha além da vida, e por todas as dimensões astrais.
— Então... — solucei — minha família não me esquecerá jamais?
— Nem que passem cem anos, na Terra, nem por toda a eternidade, no astral.
— Mas esquecemos das vidas passadas...
— Mas esse é um esquecimento momentâneo... e providencial. Recuperamos as memórias no astral, e os afetos caminham conosco, mesmo modificados. Quantas vezes se afeiçoou a alguém que mal conhecia?
— Isso seria o reflexo de outras vidas?
— Sem dúvida!
Pensei em Merlos e o meu coração se enterneceu. Alice sorriu.
— Sim, Mel, Merlos faz parte de suas vidas.
— Mas não posso recordar...
— Mas um dia recordará.
— Ele tampouco se lembra.
— Talvez para ele demore mais, uma vez que insiste em permanecer criança.
Meu coração vagava. Eu tentava buscar no passado, mas era em vão. Murmurei:
— Merlos... uma criança... uma criança que eu amei.
— E que amou muito você!
— Que criança foi essa?
— Não pense nisso agora — ela levantou-se e cerrou as cortinas — logo vai anoitecer. Vamos orar?
— Sim. Quero fazer minha prece.

Levantei e fui para debaixo do foco de luz azul que Alice acabara de acender, na outra sala. Estendi as mãos com as palmas voltadas para o Cosmo. Alice fez o mesmo. Fechei os olhos e concentrei-me. Ouvi a voz grave de Alice:
— Vamos orar por Merlos. Para que tudo se harmonize entre ele e a espiritualidade. Para que seja um bom guia.
— Sim.
— Pode fazer a prece?
— "Meu bom Deus — minhas palavras soavam emocionadas! — linda é a criança que ama e, com seu amor, modifica o mundo! Lindo é o amor que transforma e que nutre os corações com os sentimentos da paz, da fé e da esperança. Meu bom Deus, abençoe todas as crianças e abençoe o anjoelo Merlos, que o seu coração, puro como lírio, e a sua alma brilhem como o calor do Sol, com a força do Amor."
A força da prece nos envolveu em emoção. Alice tomou minhas mãos e abri os olhos. Vi seu sorriso meigo. Então, disse-me:
— Essa mesma energia que usou para rezar precisa usar para sentir-se feliz, apesar dos problemas que deixou na Terra.
Suspirei
— Sim. Tentarei, Alice.
— Terá a ajuda que necessita.
Abracei-a!
— Gosto de sentir-me assim, importante.
— No astral, todos somos importantes!
Ela me deixou e apagou a luz azul. Acendeu as luzes brancas dos abajures.
— Todo ser espiritual é muito importante. Cada um é único, singular, e merece ser amado.
— Sim. Sou muito amada aqui.
Sentou-se.
— Foi e é amada na Terra também, Mel.
Novamente as lágrimas brotaram nos meus olhos.
— Gostaria tanto de não ter dúvidas disso...
— Sente-se aqui.
— Alice — sentei-me ao seu lado — um dia ficarei totalmente em paz?
— Sim, quando se apoiar na fé. Quando crer sem reservas no amor.

— Quero tanto crer.
— Minha querida. Quero sentir-me tranqüila quando tiver de partir.
— Não quero falar sobre meus problemas! — suspirei. — Não agora. Agora tenho uma pessoa nova na minha vida: Merlos!
— É sobre ele que quer falar?
— Sim. Merlos me parece singular.
Ela sorriu. Balançou a cabeça, concordando.
— Merlos é o "filósofo" da colônia.
— Chamam-no assim? "Filósofo"?
Ela sorriu.
— Sim, o Filósofo. Ele era chamado assim na Terra, por seus professores. Adora pensar, filosofar. É cheio de idéias.
— É uma criança e, no entanto, pretende ser um sábio?
— Persegue a sabedoria, sim. Mas isso é salutar. Lembre-se de que, mesmo sem o acesso às lembranças de vidas anteriores, temos uma memória atávica, e certos conhecimentos tornam-se, assim, inerentes ao nosso espírito.
— Sim, é verdade. Conversei sobre isso com Merlos. Acho que a memória atávica dele funciona muito bem, porque ele é bem sabido.
— Merlos gosta de metáforas, dos mistérios. Filosofa e medita.
— Ele quer continuar criança por muito tempo?
Alice deu os ombros.
— Isso ainda é um mistério. Há crianças que reencarnam sem terem tomado lembranças de vidas em que já eram adultas.
— Então ficam crianças até reencarnar?
— Sim.
— Mas isso não trará problemas para a futura encarnação?
— Não, de modo algum. Com o esquecimento das vidas carnais e astrais, os espíritos se igualam e podem evoluir a partir de seu livre-arbítrio. Pouco importa que no astral tenham sido anciães ou crianças.
— Mas isso é maravilhoso.
— A justiça de Deus é perfeita. As oportunidades são iguais para todos.
Eu sorri, emocionada. A linda Lua brilhava no céu, anunciando uma linda e doce noite.

Capítulo III

Raios da Eternidade

Dois dias depois encontrei, na clareira de um bosque, um rapaz entristecido. Era belo e sua tristeza, tocante. As lágrimas não paravam de correr de seus belos olhos. Ele estava sentado num tronco de árvore, e olhava para o céu profundo. Eram 5 horas da tarde. Preocupada, aproximei-me dele.
— Olá! Está tudo bem?
— Olá! — ele fitou-me com doces olhos negros. — Nada está muito bem!
— Posso sentar-me?
— Por favor! — ele indicou um espaço ao seu lado, e eu me acomodei dizendo-lhe:
— Notei que está chorando. Será que posso ajudar?
Ele tentou sorrir.
— Talvez possa, se ficar um pouco comigo.
— Afinal, o que o oprime tanto?
Ele secou as lágrimas.
— Vou contar a você, que me parece uma jovem tão boa. Mas primeiro deixe que eu me apresente: sou Caio. Acabei de sair do hospital.
— Muito prazer — apertei a mão que ele me estendeu. — Eu sou Mel, e desencarnei há alguns anos. Você, ao que parece, acabou de desencarnar.
— Sim, é verdade. Há poucos meses. Nem me lembro direito. Fiquei todo o tempo no hospital — e voltou a soluçar — e sinto-me incrivelmente só.
Eu segurei as mãos dele.

— Sei como se sente. Foi assim que me senti também, logo que desencarnei. É difícil lidar com a morte no começo. A gente, na Terra, não é preparado para isso.
— Eu tenho só 22 anos e não esperava morrer... tão cedo! Tinha tantos planos, sonhos! Estava na faculdade...
— Que curso fazia?
— Medicina. Ser médico era meu sonho. Passei o colegial estudando dia e noite. Meus pais, que não eram ricos, se sacrificaram para pagar meu colégio, um bom colégio, para me ajudar a entrar na faculdade pública. Eu consegui! E passei com louvor, em 21º lugar.
— Eu entendo. Você tinha um futuro brilhante pela frente. Tinha tudo, vitalidade, saúde, vigor, vontade de vencer. Comigo foi a mesma coisa.
— Você tem mais ou menos 20 anos...
— Vinte e três. Quer dizer, essa foi a idade com que desencarnei. Você sabe, aqui no astral não temos idade, então não contamos mais os anos...
— Eu sei. Ouvi sobre isso no hospital.
— Como eu dizia, foi duro para mim também. Eu havia me formado em biologia e tinha muitas expectativas com relação ao trabalho. Estagiava num laboratório de genética e devia ser efetivada. Ainda não era o que eu queria — eu sonhava em trabalhar com tartarugas, na orla — mas era um começo. E não foi só isso... eu estava namorando sério. A gente ia se casar. Eu já sonhava com um bebê...

Ele enxugou as lágrimas. Tentou sorrir.

— Sua história parece mais triste que a minha. Eu sei bem o que é isso. Eu estava namorando também.
— É por isso que está chorando, não? Tem saudade dela.
— Sim — ele admitiu. — Luíza é o nome dela. Acredita que no hospital não parava de ouvir a música de Tom Jobim? — Ele sorriu. Ri também.
— É uma música muito linda. Eu também gosto às vezes de ouvir a música do Beto. Só não sei o nome, é em inglês.
— Você pode aprender inglês aqui!
— Sim. Posso aprender várias línguas em tempo recorde. Talvez faça isso.

Ele sorriu tristemente.

— Pode entender a letra da música...

— É verdade. Vou pensar melhor nisso.
Ele tocou minha mão e a beijou.
— Obrigado, Mel. Já não me sinto tão só. Ainda dói, mas a dor é suportável quando se divide com alguém.
Eu lembrei de Merlos e me animei. Levantei, puxando Caio.
— Tem uma pessoa que você precisa conhecer! Acho que vai gostar!
— Puxa — ele se animou — eu adoraria conhecer mais pessoas! É um jovem?
— Hum... você vai ver! Não vai se decepcionar.
Ele sorriu.
— Está bem. Vamos, então!
Consultei meu computador de pulso e logo ele sinalizou onde estava Merlos, no Campo de Girassóis. Sim, era um belo lugar e Caio se sentiria à vontade ali. Tomei a sua mão e fomos volitando.
 Chegamos a um campo imenso e lindo, pontilhado por girassóis amarelos e também vermelhos e azuis. Logo localizei Merlos. Ele estava sentado numa clareira e meditava. Sussurrei para Caio:
— Lá está ele!
— Oh! É uma criança!
— Não se decepcione. Não é uma criança qualquer! É um sábio!
— Sábio?!
— Um "Filósofo"!
— Puxa!
— Vamos esperar que termine sua meditação.
 O Sol começava a se pôr e o céu estava lindamente estriado de dourado e vermelho, fazendo brilhar os girassóis do campo, como grandes estrelas. O cenário era, assim, muito lindo. Era a hora da prece na colônia. Merlos fez o sinal da cruz e começou sua oração, em voz alta. Então, Caio e eu nos juntamos a ele, recitando a mesma prece. Fizemos o sinal da cruz e Merlos abriu os olhos, fitando-nos com curiosidade.
— Mel? Estava aqui o tempo todo? E trouxe um novo amigo!
— ele sorriu. Estendeu a mão para Caio.
— Olá! Algo me diz que vou gostar de conhecer você.
Caio sorriu também e apertou a mão dele.
— Meu nome é Caio. Mel me falou de você.
— Trouxe-o aqui especialmente para conhecer você — eu disse.

Merlos levantou-se. Estava contente.
— Pois então já conhece. — Olhou para o céu. — Não é um lindo crepúsculo?
Os olhos de Caio brilharam.
— Sim! Nunca vi nada igual.
— Assim também são os nossos dias interiores — atalhou o anjoelo. — Alguns dias nossa alma brilha mais, com mais beleza, em outros, menos. Mas as emoções nos tocam igualmente, e mudam os nossos sentimentos, como a noite faz com o dia.
— Quer dizer... — gaguejou Caio — que à noite não somos mais os mesmos que fomos de dia?
— Não podemos ser, se o dia foi feito de emoções. É dessa forma que crescemos. Vida após vida.
— Mas então — disse eu — não seremos na próxima vida os mesmos que fomos na anterior!
— Certamente estaremos modificados. E nisso reside a grandeza do tempo: modificar-nos, apurar cada vez mais o nosso espírito.
Caio olhou para mim. Parecia impressionado. Balbuciou:
— Você... Merlos... é mesmo uma criança? Ou apenas tomou agora a forma de uma criança?
Merlos agitou as mãos, parecia irritado agora.
— Mas é sempre a mesma pergunta que fazem! Isso já está me cansando! — e desapareceu no ar, como por encanto. Caio levou um susto, empalideceu e segurou o meu braço.
— Como ele fez isso? Como pode, se somos todos espíritos?
— Oh, é um truque! Já me informei sobre isso. Ele toma a constituição dos elementos mais etéreos do planeta, e não podemos vê-lo — alterei a voz. — Mas tenho CERTEZA de que ele está bem AQUI, ouvindo tudo!! — gritei mais alto — Quer ouvir nossa conversa, Merlos? Pois ouça! Quer saber? Acho que não precisa provar nada para o Caio. Já deu pra ver que você não passa mesmo de uma criança!
Instantes depois ouvimos uma vozinha chorosa:
— Estão sempre rindo de mim! Sempre!
— Merlos?
Olhamos para os lados e nada vimos. Procuramos entre os girassóis e, de repente, Caio me chamou.
— Mel! Venha até aqui! Ele está aqui!

Aproximei-me. Numa clareira, estava Merlos, sentado e com a cabeça entre os joelhos. Ao vê-lo, enterneci, pois parecia tão frágil. Cheguei perto dele. Toquei os seus cabelos.
— Merlos, não fique assim...
— Tem razão. Sou um tolo. Você trouxe Caio para que eu o console, e no entanto, você é que está me consolando! Como sou tolo.
Caio disse:
— Como ele sabe... que estou com problemas? Não disse nada a ele!
— Oh! — ri — Merlos é assim: adivinha ou pressente as coisas.
— Todos os espíritos podem pressentir ou prever coisas — retrucou Merlos. — Não tenho culpa de vocês serem tão preguiçosos para desenvolver suas faculdades.
— Tem razão — eu disse — você não é mágico, claro.
— Magia não existe — remendou ele. E se fechou como uma ostra. Agora parecia mal-humorado.
Minutos depois, ainda estava mudo. Eu tentei sorrir para Caio.
— Acho melhor voltar outro dia.
— Ele não está bem?
Olhei para Merlos. Estava corado e de olhos brilhantes.
— Ele está ótimo.
Caio deu de ombros.
— Então acho melhor o deixarmos sozinho. — E sussurrou: — Olhe para ele!
Olhei Merlos de soslaio. Ele estava sentado, de pernas cruzadas e com os olhos fechados. Parecia meditar.
— Ele parece estar meditando. Acho que tem razão. É melhor irmos, para não atrapalharmos sua concentração.
De repente, ouvimos a vozinha irritada de Merlos, muito aguda, aos berros:
— Meu Deus! Meu Deus! — gritava, e deu um salto, empurrando Caio.
— Não vou conseguir salvar!!
Então eu vi a razão do escândalo: Caio havia pisado num girassol azul, e isso era tudo. Caio parecia envergonhado, balbuciando um tímido "desculpe!". Merlos apanhou o girassol, o soprou, o dobrou e o guardou no bolso da calça. Ele guardou o girassol! Mas por que seria? Depois se fechou em copas, voltando a se sentar no mesmo

lugar, de olhos fechados, concentrado, como se estivesse meditando. Caio olhou para mim e deu de ombros. Demos alguns passos, quando ouvimos a voz, agora doce, do menino. Falava pausadamente.

— Você está muito triste. Caio, não pode ir embora assim.
— C-como disse? — balbuciou Caio. Merlos não se moveu, mas abriu os olhos. Continuou:
— Você se sente infeliz. Por isso está aqui e precisa de mim.
— Sim? — Caio aproximou-se dele e sentou-se ao seu lado. Eu o imitei e sentei-me também.

Merlos abriu os olhos e fitou Caio.

— Vejo a dor nos seus olhos. Você está inconformado. Não pôde aceitar a morte.

As lágrimas afloraram nos olhos do belo rapaz. Logo ele soluçava. A voz de Merlos tornou-se mais doce.

— Chore, até se aliviar. Com o tempo, aprenderá a afastar a dor de outras maneiras, como por meio da meditação.
— Você... me ensina?
— No tempo certo, sim. Por ora, quero que me ouça.
— Estou ouvindo.

Merlos "pensou um pouco" ou "fez uma pausa". Depois murmurou:

— Você não sabe o que é o amor.

Caio arregalou os olhos. Fitou-o com intensidade.

— Mas amei... tanto!
— Você pensa que amou. Sim — sorriu — Luíza é mesmo linda. Tenho estado com ela.
— Você... esteve na Terra... viu Luíza? Mas...
— ... como eu sabia que era sua namorada e como sabia que ia conhecer você! Blá-blá-blá-blá!

Eu suspirei!

— Merlos!
— Acho que vocês acreditam que ainda estão encarnados! Só enxergam o que vêem, só ouvem o que escutam! Assim, como poderão evoluir?!
— Nós...
— Não vamos mudar de assunto! — concluiu Merlos — Estamos aqui para tentar ajudar o Caio. Não é verdade?
— Sim — eu disse — como poderemos ajudá-lo?
— Você, Caio, ainda conhecerá o amor.
— Como?

Merlos levantou-se, aproximou-se do rapaz. Era todo doçura agora.

— Estrelas morrem a todo momento no espaço. Mas nunca a luz se apaga. Estamos sempre vendo o brilho das estrelas.

— Um dia todas se apagarão? — perguntou, timidamente, Caio. Merlos sorriu:

— Nunca. O Universo é infinito, como o espírito. Para cada estrela que morre, outra nasce. E é por isso que o brilho das luzes é incessante.

— Quer dizer...

— Que as estrelas são como as suas vidas. Seu espírito é o Universo, e brilha através de suas vidas. Quando uma vida acaba, outra virá e você, espírito, não morrerá nunca.

— Mas e quando as vidas se concluírem?

— Quando não tiver mais de reencarnar, e atingir o estágio de pureza, seu espírito brilhará, independentemente das "estrelas", como um foco único de luz, eterno.

Caio secou suas lágrimas furtivas.

— Tinha medo que a eternidade fosse só um sonho. Que eu ainda fosse acordar.

Merlos riu, abraçando-o.

— Se é sonho, é um sonho de realidade, e sem fim, porque você não acordará nunca.

— É lindo como um sonho! — disse eu. Merlos concordou.

— Se não existisse a eternidade, não seria possível a felicidade. Mas somos eternos, a felicidade é o único caminho. E somos felizes, então estamos em Deus.

Caio sorriu e me abraçou também.

— Eu sofria tanto com a saudade, mas acho que agora poderei suportá-la.

— Temos saudades do que perdemos — disse Merlos. — Mas para que ter saudades da vida que deixou, se ela é sua, se ainda está lá, e pode visitá-la quando quiser?

— Poderei ver a Luíza?

— Poderá acompanhar toda a sua vida, como espírito. Protegê-la, se quiser.

— Eu quero.

Merlos sorriu. Deu um tapinha nas costas de Caio.

— Então não sofra mais. Agora vá, que tem muito a fazer ainda hoje.

— É verdade — disse o rapaz. — Vou cuidar da horta do meu sítio. Já estou atrasado. E Caio despediu-se de nós partindo com um largo sorriso. Merlos estufou o peito, sentindo-se pleno, com seu dever cumprido. Mas foi só um minuto. Deu alguns passos e então murchou. Vi lágrimas nos seus olhos. Segurei sua mão.
— Merlos! O que foi?
— Agora estou triste. Não tenho esses problemas como vocês, adultos. Nem sinto saudade de alguém especial.
— Isso faz falta?
— Não tenho saudade do amor, porque sou criança. Isso é triste! Arranquei um girassol vermelho de um pequeno jardim e ofereci a ele.
— Um dia você terá sua namorada!
— Bah! Está zombando! — ele ficou irritado; jogou a flor. — Está caçoando! Zombe da minha alma romântica!
— Ora, Merlos! Pra que se preocupar com tolices, se é tão amado por todos no astral?
Ele fitou-me.
— Por você também?
— O que você acha? — e beijei suas lindas bochechas. Ele sorriu e continuou a caminhar, parecia satisfeito.
— Tem razão. Mulheres só atrapalham a vida dos homens. Eu é que sou feliz!
— É verdade.
Olhou-me de soslaio.
— Não sou feito você que fica choramingando pelos cantos, por causa de um tal... Beto!
— Merlos!
Ele começou a fingir que chorava, soluçando e esfregando os olhos. Imitava-me.
— Mas que coisa! Nem bem morri e esse Beto já tem outra!
— Merlos! É verdade isso que diz?
Ele começou a rir. Pôs as mãos na cintura.
— Mas o que você queria? Que ele ficasse eternamente chorando no seu túmulo?
— Você é estúpido!
— Não, sou realista. Se ele nem era sua alma gêmea!
Olhei para ele. Estava irritada.

— Eu sei que não era minha alma gêmea. Não precisa zoar.
— Ora, não estou zoando! Estou sendo o arauto de um amor feliz!
— O que me diz?
— Ele fez seu ar misterioso.
— Não tão cedo... mas um dia, você encontrará o seu amor... e antes mesmo de reencarnar!
— Encontrarei... meu amor... no astral?!
Ele deu os ombros.
— Blá-blá-blá-blá! Mulheres só querem saber dessa conversa fiada de romance! Blá-blá-blá! Amor puro é o amor de Jesus, e também o amor das almas que se purificam no astral.
— Todo amor é puro — retruquei — ou não seria amor!
— Blá-blá-blá-blá! Está bem. Agora vá, vá! Deixe-me! Tenho mais o que fazer! E se afastou, desaparecendo no meio dos imensos girassóis.
Eu sorri comigo mesma. Seria verdade essa história de encontrar o meu amor no astral? Eu sorri. Era doce e amargo o meu Merlos, mas era verdadeiro, tão verdadeiro!

Capítulo IV

Uma Dúvida de Amor

Estive na Terra; eu estava bem feliz por rever os meus, embora soubesse que seus problemas continuavam. Meu pai, quando nasci, nos deixou, só voltando anos mais tarde. Nunca soube o que ocorrera; mamãe nunca quis que eu sofresse. Só podia imaginar. Depois, superamos tudo e éramos felizes. Eu sentia que, no entanto, meus pais não haviam superarado o meu desencarne. Fui até lá para vê-los e inspirá-los a ficar bem.
 Cheguei na minha casa. Quanta saudade. Emocionei-me. Meus pais estavam na sala de jantar, à mesa. Terminavam a refeição. Pareciam tensos. Fiquei observando-os.
 Minha mãe murmurou:
 — Não posso esquecer, Felipe. Eternamente aquela noite vai ficar martelando na minha mente! — Apanhou um maço de cigarros. Papai tirou o cigarro da mão dela.
 — Ana! Você comprou cigarros! Não pode fumar. Sabe disso!
 — Não posso ficar nessa aflição!
 — Eu estou aqui! Não quero que fume. Isso não é bom.
 Ela olhou com tristeza para o maço.
 — Está bem. Guarde isso, então. Você tem razão. Sou muito tola.
 — Querida! Não acha melhor deitar-se?
 — Não estou com sono. E ainda tenho a louça pela frente.
 — Podemos deixar isso para amanhã.

Ele segurou a mão dela.
— Afinal, o que tanto a angustia?
— Aquela noite... antes dela... partir! Eu não estava com ela! Era importante que estivesse. Mas não estava.
— Ana! Você esteve com Mel o tempo todo! Se justo nessa noite precisou dormir...
Mamãe gritou:
— Tomei pílulas! Pílulas para dormir! Eu estava cansada demais! — e começou a chorar. — Foram tantas noites! Tanto sofrimento, meu Deus. E era a minha filha! A minha menina!
Papai abraçou mamãe.
— Querida não se culpe! Você não tem culpa! Nós não temos culpa!
— Será que fomos bons pais para ela? Será que foi feliz?
— Mel foi uma criança feliz, uma jovem feliz. Teve tudo: amor, estudos, lar! Teve saúde, até que...
Mamãe tentou sorrir.
— Ela foi uma menina saudável, não foi? E foi feliz!
— Claro que foi feliz!
Mamãe secou as lágrimas e começou a tirar os pratos da mesa, indo para a cozinha. Papai serviu-se de café e foi para a outra sala. Ligou a tevê e acomodou-se na sua poltrona.
Mamãe lavou a louça e voltou para a sala. Sentou-se no sofá, apanhando o seu tricô.
Papai olhou para ela.
— Não é melhor deixar isso para amanhã? Não devia dormir cedo?
— Sim. Amália vem cedo para a faxina. Mas estou sem sono.
— Querida, isso não é bom.
Ela suspirou.
— Eu sei, mas, apenas meia hora mais. Então vamos deitar.
Ficaram em silêncio por alguns minutos, ela tricotando, ele assistindo ao jornal. Percebi que mamãe tricotava sapatinhos de bebê. Puxa! Quem da família estaria grávida? A prima Marcela? Ou seria Sarita! Talvez uma amiga de mamãe?
Sorri. Pelo menos ela estava se distraindo. Minutos depois mamãe disse:
— Felipe?
— Hum?

— Eu penso, às vezes... ah, deixa pra lá!
— Fale, querida. O que é?
— Eu penso sobre o período em que estivemos separados...
— Foram muitos anos.
— Seis anos. Sabe, eu vou lhe contar uma coisa. Eu menti a Mel sobre nossa separação.
— O que disse a ela?
— Eu dei a entender a ela que você foi embora. Que nos deixou. Eu me surpreendi. Se ela um dia insinuou isso, nem entendi, porque nunca me preocupei em saber o que tinha se passado. Talvez eu não quisesse saber. Papai fitou-a.
— Por que... isso?
— Eu não suportava... você sabe, amor. Eu era louca de ciúmes, era obcecada. Eu tinha a certeza de que você me traíra e...
— E mandou-me embora. E nada do que eu dissesse podia demovê-la. Acho que estava deprimida. Isso às vezes acontece com mulheres após o parto. Anos depois eu entendi... — Também tenho uma coisa para lhe contar.
— O que é?
Ele riu.
— Você pensou que eu mudara de cidade, transferido. Mas não fui nada. Fiquei bem aqui. E acompanhava tudo que acontecia a vocês duas, informado pelo... seu pai!
— Não acredito!
— Mas é verdade. Ele me deu fotos da Mel e eu ia vê-la, de longe, no colégio.
— Eu devia estar louca para proibi-lo de ver sua própria filha!
— Você se julgava traída. E tudo por uma história que inventou para si mesma.
— Eu estava doente, Fê?
— Deprimida. Levou anos até buscar ajuda.
— É verdade... — seus olhos estavam fixos, amargurados — ... e, agora, eu me pergunto. Fê, se tudo isso... a nossa separação... as mentiras... se tudo isso contribuiu para que a Mel, anos mais tarde, ficasse doente?
— Como uma síndrome de rejeição?
— Foi o que pensei.

— Não, querida, não creio. Ela sempre foi saudável. Não posso ver relação, tantos anos depois, entre esse fato e... a doença.
Mamãe suspirou.
— Talvez você tenha razão. Deve ser bobagem.
Papai acariciou os cabelos dela.
— Ana! Proponho uma coisa: vamos esquecer tudo isso? — beijou-a na face. — Agora é hora de recomeçar!
Mamãe sorriu.
— Sim, vou aquietar-me. Vou sonhar.
— Mel está bem, certamente. Deve viver no céu.
— Lembrará ainda de nós?
— O amor não se esquece. Nós não esquecemos dela, e jamais esqueceremos. Ela também lembrará da gente. Tenha fé.
— Eu tenho. Eu tenho fé.
Papai, então, desligou a tevê. Sorriu para mamãe.
— Vamos dormir?
Ela abandonou o seu tricô e foi, abraçada com papai, para o quarto. Lá, claro, não entrei.
Eu estava emocionada. Então papai nunca quis me deixar! Amava-me! E mamãe imaginou que eu sofrera tanto. Eu bem sabia de tudo, no fundo. Eu só estava triste agora porque eles ainda sofriam, mamãe sentia-se culpada. Que bobinha! Isso eu não podia entender. Imediatamente pensei em Merlos. Eu precisava agora conversar com ele, já que Alice andava muito ocupada.
Voltei para o astral. Quando me dei conta, estava na "Praia do Sonho". Uma linda Lua brilhava, deixando tudo claro. Aquele lugar me dava paz. Fiquei emotiva e comecei a chorar.
Ouvi uma vozinha atrás de mim:
— Mel! Precisa ficar tão triste?
Virei-me e entrevi Merlos, que sorria, Caio e Alice. Todos aproximaram-se e sentaram-se a meu redor, na areia.
— Puxa! Vocês estão aqui!
Alice disse:
— Eu sabia que você ficaria perturbada após rever seus pais. Achei que gostaria de ver Merlos.
— Eu estava com ele — disse Caio — então tomei a liberdade de vir junto.
— Oh! Tudo bem! Fico feliz em ver vocês!
— Pois aqui estamos! — disse Merlos.

— Eu pensei em procurar você — disse a ele — porque achei que você, Alice, estaria muito ocupada.
Alice sorriu.
— Estou de fato. As atribuições de um espírito sotoangélico realmente são inúmeras. Mas posso dispor de um pouco de meu tempo. Enfim, estou aqui!
— Obrigada — e recomecei a chorar — não sei o que deu em mim!
Caio acariciou meu cabelos.
— Antes era eu que chorava, e você consolou-me. O que a aflige tanto?
— Não sei. Talvez seja bobagem.
— Nossos sentimentos não são bobagens — afirmou Merlos, enquanto catava uma linda estrela. As estrelas-da-Lua, como chamávamos esses lindos seixos brilhantes da praia, eram corpos de cristal reluzentes, mas que só apareciam sob a lua.
Eu não tinha visto uma tão bonita.
Sorri.
— Sim, sei disso. Sou uma tola.
Merlos me deu a estrela e acariciou minhas mãos.
— Então, doce tola, fale-nos o que vai no seu coração.
— Acho que deixei problemas na Terra.
— Isso é natural — disse Merlos — pois a vida continua.
— Sei disso. Mas achei meus pais angustiados e isso me entristeceu.
— Estão cheios de sentimentos de culpa? — perguntou Alice.
Suspirei.
— Acho que sim. E isso é uma bobagem. Não tiveram culpa de nada. Eu fiquei doente; quem teria culpa?
— Minha querida — disse Alice — deve deixar que seus pais busquem suas próprias respostas. Isso os tornará mais fortes.
Uma lágrima surgiu nos meus olhos.
— Quero inspirá-los com minhas preces. Compreendo o que passam. A vida inteira me perguntei se me amavam para valer.
— E por quê? — perguntou Caio.
— Porque perderam o seu primeiro filho, meu irmão Flávio. Em seguida, eu nasci. Eu sentia-me culpada muitas vezes, como se roubasse do bebê morto o amor de meus pais.
Merlos suspirou.

— Quanta bobagem!
— Merlos! — retrucou Alice — Ela está sofrendo!
— Sofrem por supostas culpas — disse ele dando de ombros — os pais e ela. E todos se amaram. Por que não podem simplesmente ser felizes, se isso é tão bom?
— Bem... eu... — ele não me deixou terminar. Continuou:
— As pessoas sempre gostam de procurar por problemas. Se soubessem como é simples ser feliz. Acham, no entanto, que para atingir a felicidade precisam de coisas grandes: um casamento de contos de fadas, um castelo, uma carruagem de ouro, uma vida sem erros. Quando a felicidade está nas coisas bem simples: os sentimentos puros, a solidariedade, o perdão, o calor humano, a amizade, a alegria de viver, a fé. Tudo isso é felicidade!
Caio franziu as sobrancelhas.
— Alegria de viver é felicidade?
— Devia ser — respondeu Merlos, com um sorriso maroto. — Mas há pessoas que, sendo tão alegres, se perguntadas se são felizes, dizem, "Ah me falta aquilo"!
— Tem razão — eu disse — complicamos a vida. Acho que estou complicando.
Alice falou, suavemente:
— Sentimos culpa porque nem sempre aceitamos os nossos carmas. Muitas pessoas, que tomam a morte de seu ente querido como "certa", podem julgar que "mereceram" ser "punidos" com essa morte. Quando sabemos, não é nada disso. Cada um cumpre o seu destino, e os destinos se entrelaçam para que todos aprendam e evoluam.
— Eu também precisei evoluir, nascendo após a morte de meu irmãozinho?
— Certamente. — disse Alice. — Evoluía, fazendo do seu amor um bálsamo para o coração dolorido de seus pais. E ajudava-os a evoluir, superando a dor.
— Então... você acha que eles... não se forçaram a me amar?
— Que absurdo! — disparou Merlos, e riu: — Quem se força a amar o amor?
Alice segurou minhas mãos.
— Querida, tem a resposta dentro de seu coração...
— Acho que... estou insegura.

— Você se encontra em melhor situação que seus pais, afinal vive sua vida astral. Não acha que devia sentir-se feliz desse modo e irradiar a eles felicidade e paz?

— Sim... eu acho que sim.

— Pois então: que tal começar?

— Posso mesmo fazer isso?

— Mel... vamos todos ajudar você — ela olhou para as estrelas — estamos nessa praia linda, e a noite está linda. Vamos nos dar as mãos?

Fizemos, os quatro, de pé, uma roda, e nos demos as mãos. Sob o comando de Alice, fechamos os olhos e nos concentramos. A voz dela era muito suave.

— Meu Deus! Estamos aqui pela graça de Vosso Amor; com Vosso Amor nos erguemos pela manhã e dirigimos o nosso dia. Do Vosso Amor, nos alimentamos, e é a ele que, à noitinha, nos recolhemos e descansamos de mais um dia, que é a afirmação deste Amor tão grande, e de mais uma vida vivida no Amor e para o Amor. A fé que sentimos, meu Deus, é a lição do Vosso Amor...

—... E que nossa lição maior — continuou Merlos — seja a de transformar o amor em paz, e toda a energia Universal na grande paz e no lar luminoso de caridade que Jesus nos ensinou.

— Amém — repetimos juntos, os quatro, e fizemos o sinal da cruz. Permanecemos ainda alguns segundos em silêncio, e então Alice disse:

— Agora, Melissa, deve se concentrar e irradiar a seus pais os seus bons pensamentos e sentimentos, para que eles possam sentir em seus corações a paz.

Foi o que fiz. Olhando as incríveis estrelas, saudei-as com as minhas mãos espalmadas, para receber a energia e a luz Universais, e também para doar ao Cosmo o meu fluido celestial e, assim, emiti os meus pensamentos maravilhosos e singelos, dirigindo a luz a meus amados pais, e foi assim que, também, me senti completamente calma e em paz.

Respirei profundamente e sorri para cada um deles.

— Acho que agora está tudo bem.

— Sempre o amor está bem — disse Merlos, com um ar enigmático. Perguntei-lhe:

— Você disse... não se pode forçar a...

— ... amar o amor. Sim. É verdade.
— Que quis dizer?
— O que disse! — ele ficou na ponta dos pés e deu-me um beijo no rosto. Repetiu o mesmo com Alice e se afastou, alegando ter trabalho noutra colônia.
Alice balançou a cabeça.
— Ele agora irá até Netuno. Sempre que pode está por lá... Sonhando!
— Com que tanto sonha? — perguntou Caio. Alice sorriu:
— Com um mundo carnal perfeito. Merlos, apesar de toda a sua sabedoria, não pode conceber que os encarnados se liguem mais ao egoísmo que ao amor.
— Ele é uma alma doce — continuou Caio. Dirigiu-se a Alice:
— Hoje a tarde você disse que eu ia começar a trabalhar...
— E vai. Amanhã mesmo.
— Onde?
— Numa outra colônia próxima a Solar do Sonho. Chama-se Luz do Amor; você irá estagiar com suicidas. Merlos monitonará seu trabalho, de longe.
— Acha... que terei jeito?
— Certamente. E isso o ajudará, pois ajudando aos outros ajudamos a nós mesmos.
Caio pareceu ficar feliz, pois seus olhos brilharam.
— Isso é bacana — olhou para mim. — Mel, tenho de ir. Sou um recém-desencarnado e preciso dormir. A gente se vê — e beijou-me as faces. Aproximou-se de Alice.
— Alice, muito obrigado. Por tudo. Mesmo não sendo minha guia, tem me ajudado muito. Nem sei como agradecer.
— Agradeça a Deus.
Ele beijou as mãos dela e partiu. Ficamos nós duas, caminhando na areia. Era repousante ouvir o mar, muito mais suave que os mares da Terra, é verdade. A luz da Lua e das estrelas nos banhava. Fitei minha guia.
— Alice... por que não se força a amar o amor?
Ela sorriu. Seus olhos brilharam.
— Porque o amor brota do seu coração. Você pode se forçar a ser simpática com alguém, mesmo sentindo desconforto, se for uma pessoa boa e educada. Mas nunca se força a amá-la. O amor nasce

da atração do próprio amor: alguém a ama, e então você amará esse alguém. O amor chama o amor. Não se obriga o amor, nem se proíbe. Ele é natural, e brota...

— ... Como uma flor?

— Sim, como as flores, as estrelas, as águas. O amor faz parte da natureza do mundo, porque o amor vem de Deus. E Deus é só amor.

Apanhei minha estrela-da-lua e olhei para ela: era linda e brilhava, como uma luz de amor.

Capítulo V

O Mundo dos Sonhos

Eu estava muito contente, porque finalmente tinha acabado de aprender inglês. E completei a façanha em quatro horas! Parece incrível, mas é como são as coisas no astral. Há pessoas que fazem faculdade em poucos dias. E aprender línguas, para o espírito, é fácil. Tudo o que estudamos não esquecemos mais, como na Terra. E os aparelhos que nos auxiliam nessa jornada são ultramodernos e até produtos de uma tal nanotecnologia. Bem, mas isso não importa. Só quis comentar porque fiquei bem feliz. Quero contar que eu estava na colônia, em casa, diante do meu computador. Ali via a Terra. Sintonizei o Beto, meu "ex".
Vi-o com seus amigos; tinha uma garota junto. Bonita. Seria a namorada? Eu sei que é bobagem, mas fiquei martelando na minha cabeça. Acompanhei o Beto até ele voltar para casa e dormir. Bem vi quando ele beijou a tal garota; então era mesmo sua namorada. Quando vi o espírito dele, assim que pegou no sono, se desprender do corpo, não tive dúvidas. Desci à Terra.
Encontrei-o num lindo jardim, em Floripa; ele ainda não tinha subido ao astral. Fitamo-nos carinhosamente. Eu sorri. Ele disse:
— Mel! É você?
— Oi, Beto. Sou eu.
— Eu estou sonhando?
— Está... mas não está. Estamos realmente juntos.
— Onde estamos?
— No mundo espiritual, embora ainda estejamos na Terra.
Seus olhos ficaram úmidos.
— Você, Mel, conhece outros lugares... lugares de sonho?

— Oh sim! Vivo numa colônia espírita. É muito lindo lá. E também já estive em outros planetas. Como Marte, Mercúrio...
— Você esteve em Marte? Uau!
— É lindo lá. Tem muitas colônias espirituais.
— O que é uma colônia?
— É uma cidade invisível para vocês, os vivos. Fica assim — apontei para o céu — flutuando sobre suas cabeças.
— Nossa! Que chocante!
— Adoro viver lá. Mas também sinto saudades daqui.
— Os espíritos moram lá?
— Sim, nós moramos nas colônias.
Ele me olhou com ternura
— Engraçado... você disse NÓS... você é um espírito. Isso não é estranho?
Eu ri.
— Mas você também é um espírito! Só que está encarnado!
— Encarnado? — ele riu mais. — Mas o que é isso? Vermelho ou...
— ... Revestido de carne, do corpo de carne. Dentro do corpo físico. Quer dizer, vivendo a vida material.
— Oh, eu sei! Estava brincando.
— Pois então. O que há de errado em não ter um corpo físico?
— Mas... — ele tocou meu braço — posso tocar você!
— Agora está no mundo dos sonhos. O que quer dizer que está no astral, ou mundo espiritual. Está aqui com o seu perispírito. Seu corpo físico está no seu quarto, dormindo.
Ele pareceu assustar-se, tocou seu próprio corpo, como se não acreditasse.
— Então sou... um espírito agora?
Eu ri.
— Isso mesmo, Beto. Não é fascinante?
— Quer dizer que... posso voar?!
— E também atravessar paredes!
— Uau! Mas quero experimentar já!
— Você é bobo. Vive fazendo isso, sempre que está sonhando.
Ele ficou em silêncio uns instantes. Parecia meditar. Depois disse:
— É verdade. Estou lembrando agora. Já estive no mundo astral.
— Não disse?

O Mundo dos Sonhos

Ele estalou os dedos, recordava-se.
— Estive em várias colônias espirituais. Mas claro!
— Pois então! Pode lembrar-se agora, mas esquece quando está acordado.
— Puxa, que pena!
— Mas guarda a intuição do que aprendeu no astral. Isso o ajuda no seu dia-a-dia.
— Ele pensou um pouco.
— Como essa coisa de ter vontade de ajudar as pessoas? Sem saber por quê?
— Isso também, entre outras coisas.
Ele pareceu muito animado. Abraçou-me.
— Mel! Quanta saudade! Já que está aqui podia levar-me para conhecer o lugar onde você vive!
— Quer conhecer o Solar do Sonho?
— Conhecer o quê?
— O Solar do Sonho. É a colônia onde vivo.
— Ah! Mas quero conhecer, sim! Vamos lá?
— Bem... teremos de volitar... já sei! Voar!
— Isso mesmo! Sabe como fazer?
— Bem, já fiz isso várias vezes, é claro. Mas agora estou com um pouco de medo.
— Beto! Que besteira!
— Acho que tenho medo de altura.
— Mas antes não teve.
— Eu não sabia que... volitava.
— Pois deve sentir-se como um pássaro.
Ele olhou em torno de si.
— Mas como faremos com esse... cordão?
— Oh! O cordão de prata! — eu ri — ora, ele vai junto com você, claro!
— Você não tem isso, já notei.
— Mas se estou... morta. Você está vivo, então seu cordão liga seu periespírito ao seu corpo físico!
— Ah, então é isso! E... — olhou assustado — se ele se partir na viagem?
— Isso não ocorrerá. O cordão só se parte com a morte.
— Não tem perigo?
— Nenhum, bobinho!

— Então, vamos! — pôs-se a caminhar. Fui atrás.
— Vamos. Dê-me a mão e...
— Espere! — ele estacou. Fitou-me com os olhos arregalados.
— O que foi agora?
— E se meu corpo físico acordar e eu estiver fora?
Eu ri muito.
— Beto! Se seu corpo "acordar", você já estará dentro dele! É automático!
— Tem certeza?
— Mas claro! Que coisa!
— Então está bem. Confio em você. Então agora... vamos!
— Dê-me a sua mão. Vamos volitar juntos.
Ele segurou minha mão e nos concentramos. Logo começamos a subir e fomos rompendo a atmosfera. Atravessamos um portal e logo estávamos em Solar do Sonho. E adivinhem onde? Na linda praia, é claro!
Beto estava assustado.
— Nunca vi lugar tão lindo!
O dia amanhecia na colônia e o céu se riscava de violeta e dourado, cores que se repetiam no mar. A areia brilhava, como se fosse composta por minúsculos cristais: era o rocio do astral.
Beto ergueu os braços.
— Que brisa maravilhosa! E que perfume tem este mar!
— Sim, não é como na Terra, salgado. A maresia traz um aroma de hortelã.
— Que maravilha!
— Que bom que está feliz!
— Ele fitou-me e, de repente, seu olhos se tornaram tristes.
— Mel... — murmurou — eu... não sei o que dizer... afinal...
— Afinal?
— Você está... morta.
Eu sorri.
— Ora! Parece que estou bem viva!
— Sim. Mas não para o plano carnal. Quero que saiba, Mel, que sofri muito. Estou tão feliz por estar com você agora!
— Não precisa se explicar. A vida continua, Beto. Nós nos separamos. Você quer ser feliz na Terra e eu quero ser feliz no astral.
Ele pareceu constrangido.
— Bem... tenho tentado.

— Eu sei.
Dei de ombros.
— Os espíritos sabem essas coisas.
Ele baixou os olhos e fez silêncio. Eu apontei para o horizonte.
— Olhe! O Sol!
— Já não era sem tempo!
— Não é uma coisa mágica?
— Tão lindo! Isso faz pensar em Deus!
Eu ri, emocionada.
— Sim! Isso é puro Deus!
Ele riu também e abraçou-me. Mas de repente sentia-se estranho.
— Mel... não sei o que há comigo! Estou sentindo... uns puxões!
— Não tenha medo, Beto. É seu corpo, na Terra, que precisa de você.
— Acho... que vou voltar!
— Adeus... — beijei suas faces. — Guarde o meu carinho e a minha saudade no seu coração.
— Mel...
— Agora vá, vá!
E antes que ele pudesse dizer qualquer coisa, começou a ser sugado para o seu corpo físico. Em poucos instantes, fiquei sozinha na linda Praia do Sonho.
Por um instante, senti-me triste, pensando na namorada do Beto. Mas logo voltei a sentir-me tão bem. Concluí que, afinal, eu era uma romântica. Nosso namoro foi lindo, decerto, mas não tínhamos um amor pra valer. No fim, eu sabia agora, não íamos nos casar. Não. Então, pensei: ainda vou encontrar o amor. Aqui no astral ou noutra vida, eu vou!
Ai, ai, senti uma vontade de conversar com Merlos! Ele sabia dizer coisas danadas de bonitas. Dizia mesmo. Pois decidi ir atrás dele. Apostava que sabia onde ele estava. Consultei meu computador de pulso e confirmei: estava mesmo em Netuno. Seria uma boa ocasião para conhecer Netuno.
Eu estava agora com preguiça de volitar. Fui até a estação e tomei o aerobus. Em poucos minutos estava em Netuno. Desci direto em Mirtes, portal que levava à esfera espiritual do planeta. Mais uma vez consultei o computador e peguei as coordenadas: o laboratório Deva, no qual Merlos estava, ficava ao Norte, a 300 milhas.

Lá fui eu, volitando, e então avistei o laboratório. Uma incrível bolha de vidro e aço, uma minicidade organizada! Alice já tinha me prevenido: Merlos estabelecera ali sua "Oficina de Idéias" para a criação de um planeta material perfeito. O laboratório era, na verdade, uma gigantesca maquete de uma cidade perfeita.

Subi no deslizador e fui conduzida a um portão de vidro que se abriu à minha presença. Entrei. Ainda no deslizador, fui vendo, maravilhada, as múltiplas oficinas da "cidade": parques, florestas, rios, alamedas com residências, centros culturais. Finalmente cheguei a uma estufa, cheia de plantas e flores exóticas. Ali avistei o cabelo claro de Merlos, metido num capacete. Desci e entrei na estufa. Merlos, vestido como um astronauta, hidratava plantas mortas, fazendo-as... renascer!

Olhei surpresa para ele.

— Por que essa roupa? Você não é um espírito?

Ele retirou o capacete e fitou-me com seus olhos azuis. Não sorriu.

— Já sei... veio xeretar. Uso essa roupa porque simulo como será feita essa tarefa num planeta material, por um encarnado, é claro.

— Incrível! — tomei um girassol redivivo na mão — A flor reviveu! Como faz isso?

— É um processo secreto, por enquanto.

— Poderão fazer isso na Terra?

— Oh, sim, poderão! — suspirou — se já podem até fazer clones!

— Mas não compreendo. Pra que reviver uma planta que morreu? Tantas vão nascer!...

— As plantas não têm espírito. Se morrem, estão mortas.

— Mas seu fluido vital contamina as outras plantas. E anima-as.

— Não é a mesma coisa — ele fitou-me tristemente. — Você já pensou como seria triste se, ao morrermos, nossa alma se espalhasse feito pólen, pelo Cosmo, animando outros seres, ao acaso?

— Mas, Merlos... isso não faz sentido!

— Sim, eu sei! — ele parecia irritado — flores não têm espírito! E, no entanto, eu amo todas as flores! Cada uma delas é especial para mim!

— Por isso gosta tanto do Campo dos Girassóis, na Terra astral?

— Conheço cada um daqueles girassóis. E se quer saber, eles têm nome.

— Verdade? Você não me disse nada!
— Porque tive vergonha. Mas agora estou dizendo.
— Por isso ficou tão abalado porque Caio pisou naquele girassol!
— Ele ficou irritado.
— Não diga "aquele girassol!" Ele pisou no Midi, e ele o matou!
— Midi? Era o nome dele?
— Ele está aqui. — e Merlos abriu uma caixa de vidro que estava numa estante. Tirou dali "Midi", o girassol azul, e ele parecia bem "melhor".
— O que fez com ele? Hidratou-o?
— Sim. Está no processo de ressurreição.
Eu suspirei.
— Isso é muito bonito, mas só poderia ser tarefa de uma criança!
Merlos corou.
— Sou criança, sou criança! Adoro ser criança!
— Não quis ofender. É que... vim aqui para ver os seus projetos para o Mundo Perfeito e, no entanto, vejo você às voltas com flores!
— As flores fazem parte do meu Mundo de Sonhos! Pode conceber um planeta sem flores?!
— Mas, Merlos! Flores ressuscitadas?!
— Aquele que cuida das flores como se fossem crianças, cuidará das crianças como se fossem flores! Num mundo onde essa seja a regra, não haverá violência, Mel!
— Sim, é verdade. Acho que entendi.
— Parece uma coisa à toa se preocupar com as flores... mas não é. Deus nos concedeu o dom mágico de cuidar do nosso mundo. Temos então de cuidar, preservar, "ressuscitar"!
— Está certo, Merlos. Como sempre, o doce filósofo está certo.
— Não sou filósofo. Descubro as coisas, e é só.
— E por que escolheu Netuno para montar o seu laboratório?
— A esfera espiritual de Netuno é muito adiantada. Aqui ninguém se espanta comigo; pelo contrário. Tratam-me como "cientista" e até "artista". E dia chegará em que os encarnados humanos irão explorar outros planetas, e Netuno será um deles.
— Acho que entendi. — olhei em volta — Netuno é mesmo lindo.
— Merlos guardou seu girassol.

— Mas deixemos as flores de lado. Vamos conhecer minha "natureza artificial"!
Ele pegou minha mão e me levou, volitando, para bem mais adiante, num certo "laboratório marítimo", como estava escrito na porta de vidro pela qual entramos. Ali, uma pequena porção de um "mar" cristalino e verde límpido agitava-se em pequenas e calmas ondas. Até uma areia branquinha havia, e a luz de algum holofote muito forte que, certamente, imitava o Sol.
— Não é holofote! — irritou-se Merlos. — Mas um Sol holográfico. Ora!
— O que estuda aqui, Merlos?
— A vida, claro. Tenho em meu oceano espécimes vivos da fauna marinha da Terra. Estudo como se adaptam em outros mundos.
— Fiquei intrigada.
— Mas como pode um espírito estudar seres vivos?
— Ora, Melissa! Espíritos estudam a vida material o tempo todo! Você precisa visitar os laboratórios de Exobiologia da nossa colônia; isso que faço não é nenhuma novidade!
— Mas como você, um espírito, pode interferir no mundo material?
— Tomando a constituição dos elementos desse mundo, claro.
— Está certo — senti-me um tanto confusa — acredito, e isso basta.
— Você não é uma cientista — sua voz soou ríspida — pois não tem curiosidade.
— Tampouco sou filósofa.
Ele corou levemente, parecia arrependido de ter sido duro.
— Mas é uma doce e meiga jovem romântica, e muito bondosa com as crianças. Gosto de ser seu guia.
— Está dizendo... sem dizer, é claro... que sou... burra?
— Longe de mim dizer tal coisa, Mel. Acho você.... — tentava parecer sincero — muito inteligente!
— Está bem, Merlos. Gosto de você também.
Ele suspirou; olhou para o céu.
— Você veio até aqui para saber mais de mim. Quer saber, Mel, se sou feliz?
— Você é?
Ele fitou-me profundamente.
— Sou a mais feliz das criaturas. Minha fé é grande, bem como meu amor a todos os seres e coisas criadas.

— Tenho fé e amor também, então, também sou feliz.
— Claro que é, Mel. Espíritos encarnados ou desencarnados só são infelizes se forem muito cegos.
— Como assim?
— Venha — ele estendeu-me sua mão e levou-me para passear, além do laboratório.
Encontramos agora a paisagem natural de Netuno astral, com lindos jardins de flores azuis e regatos cristalinos.
— Como Netuno astral é lindo!
Ele me levou a uma praça; ali nos sentamos num banco, e então fitou-me, com seu ar enigmático.
— Agora vou esclarecer sua dúvida: pessoas só são infelizes quando não têm fé. A fé é libertadora, e o caminho certo para a felicidade.
— Eu acho que as pessoas exigem muito da vida. Querem ter muitas coisas e, quando não conseguem, sentem-se infelizes.
— Você disse TER. Esse é, de fato, um problema. Espíritos vivem transitoriamente na Terra e, no entanto, querem TER coisas que não poderão levar para sua vida astral, que é a verdadeira vida! Como sofrem por bobagens, por uma ilusão! A ilusão de sentirem-se seguros por TER. Quando a felicidade, a alegria de viver encontra-se na espiritualidade e, portanto, na Fé. Aquele que tem fé é feliz, mesmo em meio ao sofrimento.
— É mais fácil ter fé quando se está desencarnado.
— Mas Deus concedeu o dom da fé àquele que está encarnado. E por quê? Para que suporte seus sofrimentos, cultive a esperança, creia e sinta-se feliz. A fé conduz ao amor, matéria do espírito e fluido do Universo. A Fé está na raiz do Bem.
— Tem razão, descobrindo a fé senti-me feliz mesmo quando estava doente na Terra, e sabia que ia... desencarnar.
— Mas é claro! Sabia, então, que ia encontrar um mundo novo, o mundo astral. E se não tivesse fé? Seria a morte para você, a ruína de tudo.
— Tem razão. No hospital havia jovens que não tinham fé e sofriam, sofriam.
Merlos secou uma lágrima, furtivamente.
— É muito triste um jovem sem fé.
Olhei a paisagem à nossa volta. Era tão linda; meu coração estava cheio. Perguntei a meu amigo-guia:
— Como seria um planeta material de sonhos, Merlos?

— Oh, não! Vai rir de mim!
— Não. Juro.
— Seria o mundo da paz perfeita e permanente. A paz se fundamenta no amor, o amor é gerado na fé. No meu mundo perfeito, todos os encarnados seriam embalados pela Fé. Não haveria, assim, discórdia, guerras, violência ou miséria. Não haveria uma criança triste.
— Mas, Merlos, há planetas assim! Eu conheci um, Andor, que é um planeta de purificação!
— Sim, é verdade, Andor é um mundo maravilhoso, como Capela. Vou levá-la até lá, qualquer dia. Mas sonho que um mundo como a Terra, de expiação e provas, possa fundamentar-se na fé, e então se tornar um lugar pacífico e bom, um ótimo lugar para se viver.
— Mas por enquanto...
—... É impossível, eu sei. E é por isso que me debato entre a alegria de sonhar e o amargor de despertar.
— Mas, Merlos! Deve cultivar a sua Fé! Deus é o Senhor dos desígnios. Ele sabe para onde a humanidade avança, e lhe dá o direito de caminhar.
Os olhos de Merlos ficaram úmidos.
— Você está certa. Sei que sou cabeça dura, mas amo tanto a Terra que quero que se torne logo um planeta de Regeneração!
— Pode ajudá-la, não pode?
— Oh, sim! — ele pareceu animar-se — todo o tempo estou enviando mensagens a médiuns, junto com outros anjoelos, e conversando com encarnados durante seus sonhos. Faço muitas preces, faço a minha parte, sim. E, afinal, a grandeza do espírito é se adiantar.
— E os encarnados se adiantam.
— Sim.
Ele olhou o lindo céu róseo sobre nossas cabeças.
— Um dia Netuno será materialmente habitado pelos mesmos homens, que encontrarão uma natureza boa aqui.
— Sim, sem dúvida.
Merlos sorriu timidamente.
— Obrigado, Mel.
— Pelo quê?
— Por ter vindo visitar-me. Agora conhece melhor minha alma. E se quis conhecê-la, é porque nossa ligação é forte.

Eu fiquei emocionada.
— Merlos... você é importante para mim.
Ele levantou-se e estufou o peito.
— Sei que sou importante para muitas pessoas. Isso me dá força — sorriu. — Vamos passear um pouco?
Levantei-me e segui-o. Cruzamos os jardins floridos, e logo estávamos na cidade, muito moderna.
— Esta é Vida Espírita, a maior colônia de Netuno. Os espíritos aqui, na sua maioria, trabalham com a ciência.
— São naturais da Terra?
— São cientistas oriundos da Terra e de outros planetas de outras galáxias.
— Já tinha ouvido falar de Vida Espírita, mas não pensei que fosse tão bonita!
— Se parece um pouco com uma cidade na qual morei na Terra: Nova York.
— Tem saudade de sua vida na Terra, Merlos?
— Oh, sim, às vezes. Mas não lamento. Sou livre e feliz.
Eu calei-me. Fiquei pensando na minha própria vida, em todos que deixei na Terra.
Merlos deve ter lido meus pensamentos, porque disse:
— Todos têm saudade de você, Mel. Seus pais, seu ex-namorado.
— Estive com ele há pouco, Merlos.
— Sim, eu sei. E acho que chegou à conclusão final, não?
— De que...
— ... deve esquecer esse amor, claro. Ainda não conheceu sua alma gêmea, Mel. Mas conhecerá, um dia. E será completamente feliz.

Capítulo VI

A Morte é o Japão

Era uma linda manhã de maio, suave e calma como são sempre as manhãs em Solar do Sonho.
Eu estava particularmente inspirada. Tinha recebido a visita de mamãe, durante seus sonhos. Que maravilha é a vida! Um fio contínuo que perpassa o tempo, rumo à eternidade.
Foi com Merlos que aprendi a pensar sobre a vida e a morte, e a eternidade.
Merlos só me faz ter cada vez mais fé!
Eu estava tão feliz nessa manhã; fui procurar Alice.Encontrei-a bem no Sítio, ensinando crianças a volitar e plasmar alimentos. Fiquei sentada, observando a sua aula. As crianças estavam entusiasmadas e aprendiam depressa. Alice parecia satisfeita; avistou-me e acenou. Meia hora depois, deixou os alunos e veio ter comigo. Sorria.
— Olá, Mel. Gostou da minha aula?
— Gostei muito. E as crianças parecem ter gostado muito também!
— Sim, elas adoram. Ficam felizes de aprender coisas que só viam nos filmes, na Terra. Pensam que é mágica.
— Oh, sim! Volitar e tudo o mais! Parece mágica!
— Trabalhar com crianças é surpreendente. Nunca uma aula é igual à outra.
— Pensei que você estivesse isolada do mundo, na sua preparação para ser ordenada.
— A ordenação angélica, sem dúvida, precisa de uma longa preparação. Não é em poucos dias que fazemos isso.

— Será um dia muito feliz quando chegar.
— Sim. E a cerimônia será bonita.
— Nunca assisti à ordenação de um Anjo Guardião.
— A cerimônia é presidida por anjos antigos, que são anjos com mais de 10 mil anos de ordenação. É feita numa cidade estelar da quinta dimensão.
— Você então passará para a quinta dimensão? Será um espírito iluminado?
— Não ainda. Não serei um espírito iluminado, mas já poderei transitar na quinta dimensão. Muitos anjos purificados fazem isso.
— Como é maravilhoso o Universo que Deus criou! Como me sinto feliz, a cada dia que passa, cada vez mais!
Alice sorriu ternamente.
— Estou vendo que está particularmente feliz hoje. Não vai me dizer o motivo?
— Oh! Sei que já sabe!
— Hum, hum...
— Pois é... encontrei mamãe durante seu sonho. Ela veio até aqui visitar-me!
— Mas isso é uma bênção!
— Não foi a primeira vez, é claro. Mas foi especial, pois ficamos duas horas juntas. Levei-a para passear no Campo dos Girassóis e na Praia do Sonho.
— E sobre o que conversaram?
— Sobre tanta coisa... relembramos minha infância, os nossos jogos nos fins de tarde na praia. Ela se impressionou com a beleza das praias do astral; quer voltar mais vezes.
— Poderão se reencontrar inúmeras vezes até que você reencarne ou que ela venha para o lado de cá.
— Ela virá antes ou eu é que voltarei?
Alice sorriu.
— Ora, Mel, está querendo antecipar-se aos fatos. Viva o presente, o agora é real e é nele que você atua.
— Sim, tem razão. Sou boba, às vezes.
— Tem visto Merlos?
— Claro. Tenho estado sempre com ele. Cada vez sua filosofia de vida me fascina mais. Ele é mesmo diferente!
— Sim, — ela sorriu — ele é um filósofo!

— Não gosta muito de ser chamado de filósofo.
— Finge que não gosta. Sabe que é especial.
— Estive em Netuno, no seu laboratório.
— Eu também já estive lá. Merlos é muito cuidadoso com o seu trabalho.
— Mas não compreendo sua obsessão por uma sociedade material perfeita, e dentro de um mundo que ainda não seja purificado!
— Merlos acredita na bondade como a essência do ser. No fundo, tem razão. Se todos cultivassem a sua essência, que é o amor, e a bondade, que dele deriva, mesmo um mundo de provas poderia ser "perfeito"*, do jeitinho que Merlos sonha.
— Mas isso parece difícil num planeta como a Terra, atualmente.
— Sim, é difícil. A Terra se depura aos poucos, e muitos ainda terão de enfrentar reencarnações de provações até evoluírem um pouco.
— E por que Merlos então não se sente feliz simplesmente com a evolução natural dos planetas? Como com o que ocorreu com Capela?
— Oh, ele se sente! Mas a Terra é seu xodó! Está sempre preocupando-se e idealizando!
— Isso me intriga.
— Que nada! Pense apenas que Merlos é um sábio, sem dúvida, mas ainda uma criança e, como toda criança, sonha com o impossível.
Balancei a cabeça.
— Sim, creio que começo a entender. Pobre Merlos.
— Ele se distrai assim. E ajuda muita gente.
— Tem me ajudado muito.
Alice segurou minha mão.
— Mas não veio aqui para falar de Merlos. Veio para saber dos seus pais, não é verdade?
— Sim, isso mesmo.
— Está preocupada com eles?
— Bem... acho que estão bem. Mas sentem-se tristes com minha falta. Gostaria de ajudá-los.

---

* Esse mundo "perfeito", de expiação e provas, pautado no amor e na bondade, rapidamente caminharia para o estágio de pré-regeneração. (Mel)

— O que pensa fazer?
— Ainda não sei. O que sugere?
Alice pensou uns segundos. Depois disse:
— Observei seus pais e não vi maiores conflitos, senão os naturais pelos quais todos os pais que perdem um filho passam. Com o tempo, esses conflitos se aquietam. Os sentimentos de culpa são comuns, mas com o tempo as pessoas concluem que nada podiam fazer para prolongar a vida de seu filho, e que foi feita a vontade de Deus.
— Mas eu não gostaria que sofressem!
— Talvez você esteja sofrendo mais do que eles.
— Mas... eu... sinto-me feliz!
— Sim, feliz por um lado. Mas por outro gostaria de não tê-los deixado. Imagina que poderia modificar isso, se quisesse.
— Oh, Alice! Sou tão tola!
— Tolice é não ter sentimentos. Você os tem e isso é normal. Acho que precisa estar mais perto de seus pais.
— Você acha...?
— Acho que pressente o que está por vir, e então...
— O que está por vir?
— Em breve, saberá. — Ela sorriu. — Gostaria de rever seus pais?
— Sim, muito.
Alice consultou seu computador de pulso.
— Ainda tenho uma hora. Podemos ir à Terra, se quiser.
— Sim, vamos!
Juntas, volitamos. Atravessamos um portal e logo estávamos na Terra, na linda cidade de Florianópolis. Mais uns segundos e entramos na casa de meus pais.
Mamãe tinha acabado de preparar o almoço e agora descansava no sofá. Sussurei para Alice:
— Ela parece cansada. Está doente?
Alice sorriu.
— Não, está bem saudável! Acho que tem trabalhado muito.
— Ela sempre gostou de fazer todo o serviço da casa sozinha. Nunca quis alguém para ajudar.
— Mas talvez agora vá ser preciso... — retrucou Alice, com um ar enigmático. Eu ia perguntar por que, mas papai entrou em casa, trazendo um pacote.
— Oi, querida!

— Oi, meu amor! Que traz aí?
— Um presente da Neusa, para você.
— A Neusa lembrou de mim?
— Quer que abra?
— Mais tarde, amor. Quero olhar com calma. Estou tão cansada agora! Você deixa no quarto?
Ele foi para o quarto e, de lá, voltou trazendo um velho álbum.
— Fê! — exclamou mamãe — Outra vez esse álbum?
— Não me canso de olhar — disse ele. Mamãe levantou-se e foi para a cozinha. Acendeu o fogão.
— O que está fazendo, Ana?
— Esquentando a comida. Não está com fome?
— Não quer vir olhar as fotos da Mel?
— Fê... se olhar hoje vou ficar com saudade!
Papai largou o álbum e foi para a cozinha. Enlaçou mamãe.
— Querida. Estou tão feliz hoje!
— Por que, Fê?
— Porque você vai dar-me uma nova felicidade... e porque aceito hoje a partida da Mel... sem ressentimentos.
Ela abraçou-o.
— Já sei. Esteve conversando com o padre Juca!
Ele sorriu.
— Sim. Adoro conversar com ele. É um homem sábio.
— Mas não crê em espíritos.
— Cada um tem sua crença, Ana. Eu creio em espíritos, e seria capaz de jurar que agora, aqui — e olhou em torno, como se buscasse uma presença — posso sentir a presença de nossa filha!
Eu olhei para Alice, que tinha lágrimas nos olhos. Senti um arrepio e aproximei-me de meus pais. Papai se arrepiou também. Sussurrou no ouvido de mamãe:
— Não sente o mesmo, Ana?
— Eu... não sei... eu...
Enlacei-os e beijei-lhes as faces. E, então, mamãe revirou os olhos, parecendo desfalecer nos braços de papai.
— O que foi, querida!?
— Eu... eu... — eu me afastei, um tanto assustada. Alice segurou minha mão. Sussurrou:
— Ela sentiu sua presença.
Mamãe murmurou:

— Fê... estou tonta...
Papai tomou-a nos braços e carregou-a para a sala. Acomodou-a no sofá e voltou à cozinha. Desligou o fogão e apanhou um copo com água.
Na sala, ofereceu à mamãe.
— Amor... está melhor agora?
— Foi... foi só uma vertigem.
— Tem ido ao médico, querida?
— Oh, sim! Ontem mesmo! Está tudo bem!
Olhei para minha guia, estava preocupada.
— Alice... ela está doente?!
— Não está, já lhe disse. Foram apenas exames de rotina.
— Mas... mas...
— Tenha calma, Melissa. Está tudo bem com sua mãe!
Mamãe pareceu se recuperar. Recostou-se nas almofadas que papai lhe ofereceu e sorriu:
— Meu bem... está tudo bem. Pode tirar esse ar de preocupação do rosto. Vamos almoçar e depois quero olhar este álbum e também o presente da Neusa.
— Ela disse que era para o Fabinho.
— Que maravilha! Vou adorar!
Fitei Alice desconcertada.
— Quem é Fabinho?!
—Oh! — ela sorriu, misteriosamente — Acho que ainda não conheço!
— Mas...
— Venha, Mel! Vamos deixar seus pais. Precisam de privacidade, não acha. Esse momento é deles. Venha. — Alice estendeu-me a mão e me levou para fora da casa.
Na rua, parecia contente.
— Viu? Seus pais estão ótimos, e estão felizes. A Ana e o Fê se amam muito!
— Sim, é verdade.
— E então? Vamos voltar ao astral?
— Gostaria de sentar um pouco. E pensar.
— Pois bem. Há uma praça logo adiante.
E fomos para a praça, onde ficamos por mais uns momentos. Crianças encarnadas brincavam, e havia também as desencarnadas, que pareciam gostar principalmente dos balanços.

— O que essas crianças fazem na Terra?
— Vêm visitar os seus — disse Alice — e naturalmente aproveitam para brincar.
— Estão sozinhas?
Alice apontou um espírito de branco que estava sentado mais adiante.
— Parece que não... aquele é Dalton, socorrista do astral — e acenou pare ele, com um sorriso. Depois olhou para mim.
— O que lhe aflige, Mel?
— Não é aflição... é um questionamento.
— Pois fale.
— É sobre a morte... estou sempre pensando sobre a morte, mas não consigo chegar a uma conclusão.
— Ainda é difícil compreender a morte como uma extensão da vida?
— Acho que sim. No catolicismo, aprendemos que, ao morrer, até por muitos séculos, ou milênios, até o dia do juízo final, nossa alma "adormece".
— Talvez seja uma forma de se referir à eternidade. O juízo final poderia ser o estágio de pureza do espírito, a sua eternidade.
— Nunca tinha pensado nisso.
— Muitas religiões podem ser simbólicas. Cabe a nós interpretarmos seus ensinamentos.
— É verdade. Eu... — e meu computador de pulso começou a vibrar. Apareceu ali uma mensagem de Merlos, pedindo que eu fosse até a praia de São José, ali perto.
— Merlos? — perguntou Alice.
— Sim. Quer que eu vá me encontrar com ele. Está na Terra, numa praia aqui perto. Vamos?
Ela sorriu.
— Ele quer conversar com você. Deve ir sozinha. Eu preciso mesmo subir ao astral; o trabalho me espera.
— Nos vemos então. Até mais, Alice.
Beijei suas faces e voltei até a linda praia de São José. Eu já havia estado lá muitas vezes, quando criança. Gostei de rever o local. Avistei Merlos logo que cheguei. Estava no meio de um grupo de crianças encarnadas, que jogavam bola. Ficava correndo de um lado para o outro, atrás da bola, como se estivesse jogando com elas. A cena era engraçada e não pude deixar de rir.

Ele me viu e se aproximou. Não parecia cansado, mas feliz. Gritou:
— Não consegui pegar a bola!
— Merlos! Você não faria isso, faria?
Ele riu.
— Não, claro que não. Já pensou? As crianças iam ficar impressionadas de ver a bola correndo sozinha! — e continuou rindo — gosto de vir aqui e participar das brincadeiras. Mas não faço mal a ninguém.
— Eu sei, Merlos. Você tem boa índole. Mas pode jogar futebol no astral. Não faz isso?
— Claro que faço! Tenho meu time.
— Está bem, então... você sempre me surpreende. Diga lá... por que me chamou?
— Hum... — ele foi caminhando e eu o acompanhei — hum... percebi que você estava aflita... hum...
— Merlos! Você estava aqui e jogava bola! Como podia SABER que eu estava aflita?
— Oh-oh! Sempre sei das coisas de meus protegidos! Sei, por exemplo, que a Regina, uma protegida minha, está querendo se comunicar com seu antigo namorado, na Terra. Está pensando nisso agora; já esboça sua mensagem. Mas não deve fazê-lo, ele ficaria impressionado!
— Hum... você vê tudo aí no seu computador?
— No computador também, mas não só. — Bateu com o dedo na cabeça. — A mente, minha cara! A mente tem segredos...
— Sim, já sei, Merlos. Ainda vou desenvolver todas as potencialidades de minha mente!
— Pois então!
— Vai tomar uma atitude quanto a essa Regina?
— Sem dúvida. É o que vou fazer quando despedir-me de você.
— Mas parece que queria falar comigo.
Ele estacou. Fitou-me com seus profundos olhos azuis.
— Você questionava a morte, minha querida.
Lembrei de minhas palavras à Alice, poucos momentos atrás.
— É verdade... eu... não consegui definir a morte.
— Porque é boba.
— Você me acha boba?
— Ora, maneira de falar! Você quer pensar sobre um assunto, mas nunca pensa o suficiente.

— Que quer dizer?
— A morte, menina, — seus olhos brilharam mais — o que é a Morte?
— Bem... — pensei uns segundos — um despojar das vestes físicas...?
— Oh-oh! Falou bonito! Mas que conceito mais batido.
— Merlos! Não sou filósofa!
— A morte, minha cara, é o Japão!
Olhei para ele, sem acreditar muito no que ouvi. Balbuciei:
— O... o J-Japão?! Como assim?
Merlos olhou para o mar.
— Vê a linha do horizonte?
— Sim... vejo. O que tem?
— A vida encontra-se com a morte na linha do horizonte. Aqui, a vida: O Brasil. Do outro lado, a morte: o Japão.
— Merlos! Que comparação!
— Não entende? Quero apenas dizer que a vida e a morte giram no mesmo "globo", como o Brasil e o Japão. De um lado a outro, da vida à morte; do outro lado ao um, da morte à vida. É o eterno retorno, Mel, o moto-contínuo da reencarnação! Quando é "noite" num lugar, brilha o "dia" no outro. Você transita ora no dia, ora na noite. E assim, a morte não é o fim da vida, mas sua continuação noutro lugar, em outro tempo. No Japão! — e seus olhos brilharam; parecia mais menino agora.
— Sim, Merlos. Compreendi agora. E sua teoria é, na verdade, tão simples, e fascinante. O que você diz é que a morte faz parte da vida.
— Certo, Mel. É isso mesmo. E sabe por que as pessoas sofrem tanto diante da morte? Exatamente porque vêem a morte como o fim da vida...
— Mas se crêem no espírito...
— Oh-oh! As pessoas dizem crer no espírito e tal. Mas como muitas delas se sentem infelizes quando alguém amado desencarna, já reparou? Então por que será?
— Bem... creio que não poder ver mais a outra pessoa, conversar com ela...
— Mas, Mel! Se a pessoa tivesse se mudado para o Japão, seu ente querido não sofreria tanto, não concorda?
— Sim... ainda teria a esperança de se verem quando...

— Um fosse para o Japão ou o outro viesse para o Brasil! De algum modo, um dia, não se reencontrariam?
— Sim, mas...
— ... E ainda haveria as cartas, os telefonemas,... as COMUNICAÇÕES ESPÍRITAS, Mel! Será que não compreende?!
— Sim, compreendo! — eu sentia-me incrivelmente feliz agora — bastaria as pessoas buscarem as comunicações, e não se sentiriam mais tão sós!
— Ninguém está só, Mel — ele segurou minhas mãos. — Todas as pessoas que nos cercam fazem parte de nossas vidas, passadas, presente e futuras. Basta que olhemos ao redor, e não nos sentiremos sós.
— Mas parece que nos apegamos a poucas pessoas e...
— ... E sofremos. Na colônia, entendemos como é diferente. Conhecemos tantas pessoas, não é?
— E nos afeiçoamos a elas! E elas fazem parte de nossas vidas! Sim, Merlos, você está certo. É tão simples viver, e tão... maravilhoso!
Merlos estufou o peito e seguiu caminhando, de encontro ao vento do mar de São José.
Eu o segui. Ele fitou-me.
— Tem dúvidas ainda sobre a morte, Mel?
— Creio que não... creio que estou em paz.
Ele abraçou-me, ternamente.
— Acabaram-se as dúvidas?
— Fala de meus pais?
— De que mais?
— Oh! Eu creio firmemente no amor deles! Não me amaram menos porque perderam um filho.
— Não. Amaram mais. E afinal, um filho não substitui outro, nunca!
— Tem razão. As pessoas são insubstituíveis. O amor que sentimos por elas é único!
— Sinta-se segura então.
Eu estaquei. Segurei as mãos de Merlos.
— Obrigada, Merlos, por me dizer tantas coisas que trazem paz a meu coração.
Seus olhos ficaram úmidos. Ele engoliu em seco e depois sacudiu a cabeça, como querendo espantar a emoção.

A Morte é o Japão

— Ora, ora! Quanto blá-blá-blá! Estamos há horas na Terra e temos tanto trabalho no astral. Acho que está na hora de voltar! — e secou furtivamente uma lágrima, pondo-se a volitar — Venha, Mel! Aposto que não me alcança!

E foi flutuando, e depois voando, em espantosa velocidade, sobre o mar. Pensei em alcançá-lo, mas depois desisti. "Vou no meu ritmo", pensei, e sorri comigo mesma. Sentia-me tão feliz, amada na Terra e amada no astral.

Capítulo VII

Os Donos do Tempo

Num lindo fim de tarde eu passeava no astral, na minha doce "Solar do Sonho". Estava voltando da aula de meu novo curso de Exobiologia (recomendado por Merlos), e descansava, olhando as lindas flores dos jardins. Assim, sentei-me numa praça, no centro da colônia e pus-me a admirar o lago, onde lindos cisnes deslizavam. Foi então que avistei uma criança que, sentada à beira do lago, chorava. Viu-me e acenou para mim. Preocupada, aproximei-me.
— Olá!
Ele fitou-me com tristes olhos úmidos. Devia ter mais ou menos a idade de Merlos. Apenas balbuciou:
— Olá...
Sentei-me ao seu lado.
— Posso?
— Fique... à vontade. — Seus olhos dançavam, perdidos, na água límpida.
Tentei puxar assunto.
— Gosta dos cisnes?
— São mesmo lindos.
— Não me disse seu nome.
— Leivo. E o seu?
— Sou Mel. Vivo aqui. Você vive aqui também?
— Eu... não sei. Estou aqui, mas não sei ao certo.
— Chorava porque não sabe o que está havendo com você?
— É isso mesmo. Estou perdido — e recomeçou a soluçar — Não sei que lugar é esse, nem o que faço aqui.
— De onde você veio? Disso se lembra?

— Hum... sim. Eu vim de Curitiba. Nasci em Matinhos, no litoral. Mas moro em Curitiba desde nenê.
— Quer dizer... morava?
— Morava?! Aqui é muito longe da minha cidade?
— Hum... não sabe o que aconteceu com você, não é?
— Não sei.
— Tente lembrar... onde estava antes de vir para cá?
— Eu estava... na pracinha, com meus amigos e a Anita.
— Quem é Anita?
— A secretária da mamãe. Ela me levava na pracinha e no shopping. Outro dia fomos ao cinema — secou as lágrimas. — Assisti ao filme dos dinossauros!
Eu ri.
— Sei. Gosta de dinossauros?
— Sou fissurado neles!
— Puxa... que legal!
— Tem cinema aqui?
— Claro! Tem sim!
— Mas que lugar é esse?
Acariciei seus cabelos.
— Você logo vai saber. Vou... apresentá-lo a um amigo, e ele contará tudo sobre esse lugar. Mas continue sua história. Você estava na pracinha com a Anita, e então...
— Então não me lembro mais. É esquisito não lembrar, mas... não lembro!
— O que você fazia na pracinha?
— Andava de bicicleta, como sempre.
— Sei. E agora gostaria de voltar pra casa?
— Acho que mamãe está preocupada. Já está anoitecendo — ele voltou a chorar — e eu estou com fome!
Eu me enterneci. Meus olhos ficaram marejados também.
— Olha, Leivo. Vou ajudá-lo a resolver sua situação. Primeiro, vamos cuidar dessa fome e lhe dar abrigo por essa noite. Você vem comigo?
— Aonde você vai me levar?
— Ao sítio. É lá que eu moro. Você vai gostar. Tem muita gente legal ali. E a comidinha é esperta!
Ele abriu um sorriso; a cor voltou ao seu rosto.
— Vamos então! Mas depois você me leva pra casa?

Os Donos do Tempo 77

— Vamos resolver isto. Confie em mim!
Levantei e estendi a mão. Ele segurou minha mão e me seguiu.
— Confio. Confio.
E assim, levei Leivo para o Sítio Spirity, onde eu morava. Lá, Aline, a nossa mãe-social, tomou conta dele, levando-o para um bom banho e preparando-lhe um nutritivo jantar, com muitos legumes e frutas.
Após a refeição, o garoto encontrava-se mais disposto. Tornei a me encontrar com ele num dos quartos, onde ele repousava. Sentei-me na beirada da cama.
— E então? Está melhor agora?
— Muito melhor. Só tem um problema.
— Qual é?
— Esta tevê não sintoniza os canais do meu país. Estamos em outro país? Já vi programas numa língua estranha, que não era inglês, nem português. Que país é este? Como vim parar aqui? Mas como falam português aqui e não na tevê?
Fiquei confusa com tantas perguntas. Procurei acalmá-lo.
— Olha, Leivo, você terá todas as respostas que deseja. Mas por hoje, devia descansar. Procure dormir, pra repor as forças. Se quiser, tem um canal nesta tevê que sintoniza desenhos da Ter... er... os mesmos desenhos que costumam passar na sua tevê. Quer assistir?
—Puxa! Quero, sim!
— Está bem, então, querido. — Apertei o botão no controle remoto — Está vendo? O lindo desenho da "Bela e a Fera". Não se preocupe em desligar. Assim que você adormecer, o aparelho desligará sozinho.
— Sozinho? Puxa! Já vi que aqui tudo é muito moderno! Não vi fogão na cozinha. Como fazem comida?
— Você ainda vai saber tudo isso.
Me dirigi à porta.
— Agora, assista a seu filme e relaxe. Amanhã a gente se vê.
— Mel...
— O quê?
— Eu não fui seqüestrado... fui?
Eu ri.
— Seqüestrado?! Acha que somos... bandidos?!
— Não, nem pensei nisso... mas talvez sejam... ETs!
— Hum... ficou impressionado com os aparelhos modernos. Acertei?

— Sim... e a língua estranha. Nunca ouvi!
— Só posso lhe adiantar que não somos ETs e que tudo está bem. Amanhã falamos mais. Vou trazer uma pessoa para conversar com você e esclarecer tudo. Está bem assim?
— Está bem, Mel. Obrigado por tudo.
— Ora... boa noite, Leivo.

Apaguei a luz e deixei o quarto. A pureza daquela criança me cortara o coração. Então ele não sabia que tinha... morrido. Oh, Deus! Eu tinha de saber o que acontecera naquele dia, quem eram seus pais, por que ele viera parar no lago de Solar do Sonho. Estava ansiosa. Fui para a sala, aguardar. Tinha chamado Merlos, enquanto Leivo jantava. Pensara em Alice também, mas Merlos era criança como ele, podia orientá-lo melhor.

Não demorou muito e meu guia transitório chegou. Vestia uma linda roupa azul, um terninho de veludo.
— Puxa! Como você está elegante!
— Eu estava num congresso em Júpiter.
— Congresso?
— Sim, dos anjoelos. Fui palestrar, de modo que achei que devia estar... chique!
— De fato, está chique!
— Pois bem, aqui estou. E me diga: o que quer saber sobre o garoto?
— Bem... sei que chama-se Leivo e entendi que não sabe que desencarnou. A última lembrança que tem é de uma pracinha. Andava de bicicleta.
— Sei, sei... — ele consultava a tela virtual de seu computador. Depois desligou-a e fechou os olhos, concentrando-se. Ficou uns minutos assim, em silêncio. De súbito, arregalou os olhos e segurou meu braço.
— Vamos deixar o garoto dormindo, deve estar cansado. De manhã, vamos levá-lo ao hospital.
— E você? Ficará aqui?
— Ah, sim! Tenho um dia de recesso no congresso. Só preciso de uma sala privada para fazer meus contatos e adiantar a pauta de minha última palestra.
— Está bem, então. Temos a biblioteca, ninguém está lá agora.

Deixei Merlos na biblioteca e deitei-me por algumas horas. Assim que o dia raiou, acordei. Merlos estava diante de mim, no meu quarto.

— Ande, levante-se preguiçosa! Ainda precisa de horas de sono?!
— Olá, Merlos... bom dia — espreguicei-me. Ele abriu as cortinas. — Às vezes, passo dias sem dormir. Mas também me canso.
— Quanto tempo desperdiçado! — ele colocou as mãos na cintura — tsk, tsk! Não me diga que quer tomar o desjejum?
Eu me levantei; agora já estava irritada.
— Bem... se você permitir, é claro.
— Desse jeito, vai ser uma recém-desencarnada por duzentos anos!
— Não vejo problemas nisso! Conheço espíritos que desencarnaram há duzentos anos, tomam seu dejejum e também dormem à noite!
— Tsk, tsk! — ele estalou a língua, e saiu do quarto. Eu tinha que me acostumar com Merlos e sua mania de perfeição. Mas tudo bem. Hoje eu estava preocupada com o garoto Leivo. Fiz meu desjejum e encontrei o menino na sala, sentado ao lado de Merlos. Estavam confabulando, o que devia significar que já haviam se conhecido. Leivo sorriu para mim.
— Então era o Merlos que você queria que eu conhecesse! Pois eu já o conhecia há muito tempo!
— Como assim?!
— Estive com ele muitas vezes, durante meus sonhos. Não é estranho? Falei dele pra mamãe, ela achou que eu estava inventando.
Merlos sorriu timidamente.
— Jogávamos bola na praia!
— Puxa, Merlos! Nunca me contou isso!
— E por que contaria?
— Não acredito que você...
Merlos levantou-se abruptamente e puxou-me pelo braço. Sussurrou:
— Não "apareci" para ele, se é o que está pensando! Nem médium ele era! Não é nada disso. Encontrei-o por acaso... quando ele sonhava... ora, Mel! Não há nada de mau nisso! Você também se encontrou com o Beto durante um sonho dele!
— Então está bem! Não estou criticando!
— Éramos amigos... então... sei tudo sobre Leivo.
— Sabe como ele desencarnou?
Ele pigarreou.

— Hum... hum... — e sorriu para Leivo, estendendo-lhe a mão — Venha, Lei, você pode ter se machucado, então vamos levá-lo a um... hospitalzinho aqui perto.
— Hospital?! Mas eu estou bem!
— É só para fazer avaliação. Pode ir andando. Nem precisará de ambulância.
— Se ele veio andando até aqui...
— Sim, Mel. Ele parece bem. Mas sabe como é... — sussurrou — pode haver lesões imperceptíveis no perispírito.
— Sim, eu sei.
Tomamos o aerabus. A dificuldade começou aí, porque Leivo ficou atônito ao perceber que o "ônibus voava"! E então sua crença de que éramos ETs e até de que estivéssemos em outro planeta se fortaleceu. Merlos fôra prudente não o removendo por volitação, mas, enfim, de nada adiantou.
Segredei ao ouvido de Merlos:
— Terá de contar sobre o... desencarne.
— E por que não conta você?!
— Merlos! Ele tem sua idade! Já conhece você e...
— Está certo, sei disso. Mas antes deixe-o ser examinado... e assim aproveito para me inteirar de tudo.
No hospital Leivo ficou aos cuidados dos doutores clínicos; Merlos e eu consultamos a tela virtual de seu computador de pulso. Ali ficamos sabendo como estavam os pais de Leivo e como ele foi parar na colônia. Ele estivera num hospital, mas escapara dali. Era isso.
Em uma hora os médicos nos procuraram e deram o laudo: tudo estava bem com Leivo. Ele, no entanto, devia permanecer mais algumas horas ali, para ficar em observação e tratar-se psicologicamente. Mais tarde teria um tratamento completo, é claro. Os médicos tinham chamado um guia para Leivo, que chegaria ao hospital em poucas horas. Ele, claro, iria encaminhar o menino.
Mesmo assim, Merlos e eu nos sentimos no dever de acompanhar o garoto até que tudo se resolvesse a contento. Assim, entramos na saleta onde ele se divertia com alguns brinquedos educativos.
O menino nos fitou com olhos úmidos.
— O doutor Marcos me disse que agora sou... um espírito!
Merlos pigarreou e nada disse.
— E disse também que outro espírito virá tomar conta de mim.

— É verdade — disse, por fim, Merlos — Seu nome é Grimaldo.
— Pelo que entendi... se sou espírito... é porque... morri?
Merlos e eu nos olhamos. Eu me aproximei de Leivo e toquei suas mãos.
— Na verdade, Leivo, a morte não existe. Quero dizer, não é propriamente... morte. Só "desencarnamos", você compreende? Abandonamos nosso corpo de carne e viramos... espíritos! — olhei para Merlos, ele sorria — Assim como você e eu... e como Merlos!
— Estamos todos mortos?
— Desencarnados, querido. Somos todos espíritos agora.
— Mamãe é espírito também?
— Oh, sim! Só que ela ainda está encarnada!
— Você quer dizer... viva?
Fitei Merlos com olhos suplicantes. Ele sentou-se ao lado de Leivo.
— Lembra-se quando nos encontrávamos durante seus sonhos?
— Sim.
— Isso era possível porque seu espírito deixava seu corpo e viajava para cá, para o astral. Pois agora você poderá fazer o mesmo com sua mãe. É só esperar que ela durma e então... zás! Ela virá ao seu encontro, aqui no astral!
— Ela vai me ver?
— Claro! Assim como você me via!
— E ela não vai se assustar?
— Mas se você é o filho querido dela!
— Ela vai me reconhecer?
Merlos começou a rir.
— Mas se você não mudou nada! Só virou um espírito, não um E.T.!
O menino riu também.
— Estou gostando de ser espírito! Parece divertido.
— E é! — disse Merlos, começando a flutuar. — Vê só? Pode-se voar como um pássaro!
— Nossa! Quero voar também! — Ele se pôs de pé e começou a bater os braços, tentando "voar". Eu não agüentei e comecei a rir. Merlos, no ar, imitou-o. Depois disse:
— Não é preciso bater os braços. Mas você ainda não vai voar. Isso aprenderá com o tempo! — e voltou para o chão. Leivo bateu palmas.

— Pois quero aprender o quanto antes!
O Dr. Marcos entrou na sala e levou Leivo para mais alguns exames.
Merlos fitou-me.
— Já sabe que ele desencarnou por acidente? — balançou a cabeça. — Sim, sim. Foi atropelado enquanto dirigia sua *bike*.
— E não consegue lembrar-se?
— Tem tempo para isso, o choque foi muito grande.
— Você já sabe tudo sobre ele?
— Ainda não sei tudo. Mas estou em contato com seu guia angélico. Poderei ajudá-lo a se adaptar no astral, sobretudo porque sou criança como ele.
— Mas não será seu guia.
— Não. Grimaldo fará isso. Já estava previsto que assim seria, Mel. Não posso mudar isso.
— Eu sei, eu sei.
Sentamo-nos e aguardamos. Horas depois, ouvi a voz alegre de Merlos.
— Olhe só quem vem aí!
Leivo entrou na sala, mais corado e animado; parecia bem melhor. Tinha sido submetido a alguns tratamentos. O doutor cuidara direitinho dele. Disse:
— Podem levá-lo agora. Ele está bem e não precisa ficar. Deverá retornar em uma semana para nova avaliação.
Peguei a mão do garoto.
— Puxa! Mas que sorte! Não precisará ficar no hospital!
— Pois não estou doente!
— É isso aí! — retrucou Merlos, e saímos do hospital. Íamos levá-lo para Grimaldo (ele estivera no hospital e ficara de providenciar tudo para Leivo), que já tinha o local onde o garoto ia viver. Era o Sítio Margaridas, instituição especial para crianças. Ali se divertiria muito, com jogos e brincadeiras, e também completaria seus estudos. Apesar disso, eu estava apreensiva. Não queria que o menino se sentisse só.
Merlos me consolou.
— Ora, Mel, está sendo tola. Como ele poderá sentir-se só em meio a tantas crianças e mães sociais? Além disso, terá Grimaldo 24 horas por dia! Você é boba, Mel.
Ouvimos a voz de Leivo.
— Não vamos tomar outra vez o ônibus voador?

Merlos riu.
— Fica para a próxima. O Sítio Margaridas fica aqui bem perto.
— O que vou fazer no sítio?
— Vai se divertir, é claro. Como todas as crianças. Eu moro ali também. Só que viajo e trabalho muito. Raramente estou em casa. Mas nos veremos muitas vezes.
— Que legal!
— No Sítio Margaridas — eu disse — as crianças se divertem com os bichinhos e também cuidando das plantas!
— Adoro bichos e adoro flores! — ele bateu palmas animado — e quando verei papai e mamãe?
— Muito em breve — disse Merlos. — Poderá cuidar deles daqui mesmo, do astral.
— Mel! Você ficou de me esclarecer algumas dúvidas, lembra?
— Claro! Fiquei sim!
— Bom, — começou ele — já sei que não estou em outro país, mas na Terra dos Fantasmas...
— Na Terra Astral — corrigi. Ele ia caminhando e pulando. Estava bem animado. Continuou:
— Sim. Na Terra Astral! Mas se não estou noutro país, que língua é aquela que as pessoas tanto falam?
— É o Esperanto, língua Universal do Astral.
— Hum... Esperanto. Legal! Quero aprender essa língua.
— E poderá aprender rápido! — disse Merlos, e começou a dar pulinhos, imitando Leivo. Eu já estava meio perdida entre as duas crianças. Mas me divertia. Assim, resolvi pular também. Os dois riram. Leivo continuou com as perguntas:
— E essas máquinas supermodernas?
— Ah! — suspirou Merlos — reparou que nossas máquinas são mais modernas do que as da Terra! Os cientistas e os técnicos daqui trabalham muito. E são bastante criativos. Assim criam máquinas incríveis. Quando reencarnam costumam recriá-las por lá, com os materiais disponíveis, é claro.
— Isso quer dizer...
— Sim. A tecnologia na Terra nada mais é que cópiada do astral.
— Puxa! Quem diria! E a comida?
— Quer saber como é feita? Simples! É plasmada pelo pensamento!
— E posso aprender a fazer isso também?

— Mas é claro!
— Quer dizer... doces e sorvetes?
Merlos e eu rimos. Ele disse:
— Se tiver vontade... mas claro que não irá se entupir de sorvetes e doces!
— Por quê?
— Ora! — eu retruquei — Isso não é saudável, Leivo. Um espírito inteligente cuida do seu corpo e logo não sentirá mais necessidade de comer tanto.
— Logo não comerá mais nada.
O menino estacou. Estacamos também. Ele arregalou os olhos.
— Credo! Vocês não comem?!
— Eu ainda como — eu disse — mas muito menos que na Terra.
— Eu só como às vezes. E nunca guloseimas! — disse, sério, Merlos.
— E por quê?
Merlos respondeu:
— Porque um espírito se alimenta de luz, do ar, e até da energia mental que troca com outros seres. O nosso principal alimento é o Amor.
— Puxa! Isso é novidade!
— Ainda terá muito o que aprender no astral, Lei — concluiu Merlos.
— Venha — Merlos puxou Leivo pela mão. — Chegamos no seu novo lar! No nosso lar! — Grimaldo esperava por ele na horta. Recebeu o menino com um abraço.
— Leivo! Seja bem-vindo!
Leivo o abraçou e olhou encantado para tudo. Bateu palmas.
— Que legal! Adoro esse lugar!
— Aqui poderá brincar e estudar — disse Grimaldo.
— Oba! — Leivo apontou para um coelho. — Tem bichinhos aqui!!
— Sim, temos animais e muitas plantas.
— Adoro plantas!
— Pois poderá ajudar na horta.
— Oba!
Grimaldo piscou um olho para mim.
— Amanhã terá sua recepção de boas vindas. Comemoraremos sua chegada no Planetário dos Dinossauros.

— Planetário dos Dinos?! Quer dizer que vou ver... dinos... de verdade?!
— Temos filmes holográficos, projeções, hologramas, além de imagens digitais e robôs. Verá dinossauros de todos os tipos, da Terra, de Capela e de outros mundos, e por todos os meios.
— Sem dúvida — adiantou Merlos — eu vou querer estar junto!
— Oba! — e Leivo bateu palmas; depois jogou-se nos meus braços e me cobriu de beijos.
— Obrigado, Mel! Você fez tudo isso por mim!
— Não, não fui eu. Esse era o seu destino.
— Destino?!
Merlos pigarreou.
— "Destino" nada mais é que a escrita do tempo. Digamos que... tudo isso estava "escrito"; de certo modo. Claro, sem esquecermos do livre-arbítrio.
— O tempo é meio esquisito, não, Merlos? — perguntou o menino. Merlos sorriu.
— Você pensa nisso agora porque está do "outro lado" do tempo.
— Você quer dizer... a morte? — e olhou para Grimaldo. — Você pode me levar para brincar com os coelhos?
— Sem dúvida! Venha! É por aqui!
Os dois se afastaram. Ainda ouvi a vozinha de Leivo:
— Xiii... eu não trouxe minha mala!
— Não se preocupe — Grimaldo riu. — Plasmaremos lindas roupas para você!
— Que legal!
Olhei para Merlos. Ele secou uma lágrima furtiva. Depois estufou o peito e começou a caminhar.
— Pronto, missão cumprida.
Eu o segui.
— Fale-me mais sobre o tempo, Merlos.
— Ah o tempo! — ele suspirou. — A vida e a morte! As crianças são puras, Mel, por isso aceitam logo a vida astral.
— Sim. Percebi isso hoje.
— Algumas são como eu. De nada querem recordar-se.
— Você se refere às vidas passadas?
— Hu-hum. E isso não deve mesmo ser uma obrigação. E sabe por quê?
— Por quê?
— Porque no Universo o tempo é infinito.

— Sim, mas...
— Há tempo de chorar e de rir, de amar e de ser sozinho; de viver na Terra e de ser espírito.
— Quer dizer...
— ... Navegamos no tempo, ora como crianças, ora como adultos. Mas somos sempre o mesmo ser espiritual.
— Você quer dizer que, recordando-se ou não, você é você mesmo e...
— ... E o meu passado está dentro de mim! Claro!
— E então?
— E então há tempo para tudo. Para esquecer e para recordar. Somos os donos do tempo, Mel! Não há por que temê-lo!
— Eu...
— O tempo é nosso aliado. Ele nos projeta do passado para o futuro, e o nosso momento, o presente, é o nosso carro.
— Merlos!
Ele riu.
— Não estou dizendo nenhuma mentira. É difícil para você? Só estou querendo dizer que não devemos lamentar o que passou, Mel. Leivo não deve lamentar a sua vida perdida. Sabe por quê? Porque ela lhe pertence, está incrustada no seu espírito como um diamante. E ele a carregará para sempre, no Universo paralelo dos séculos e na sua memória. Porém, diante dele o tempo se abre e ele penetra na pureza, pronto para reconstruir o tempo, como se fosse a primeira vez.
— Está bem, Merlos. Já chega!
— Tsk, tsk! — ele balançava a cabeça. — Você não gosta de filosofar mesmo! Tendo atingido a espiritualidade, me pergunto: por que não filosofar?!
— Merlos!
— Ele consultou seu relógio.
— Já está na minha hora. Tenho de retornar a Júpiter. O congresso continua, e eu tenho a minha palestra. — rodopiou, exibindo-se. — Estou bem? Quer dizer, não estou amassado?
— Esse seu terno é lindo! Adorei!
— Mas quer saber de uma coisa? Cansei dessa cor azul. Que tal... verde?
Rodopiou novamente e plasmou a cor verde para seu terno. Elegantíssimo, deu-me um beijo e partiu, volitando.

Capítulo VIII

As Doces Criaturas

Eu estava indo para a Terra, com Merlos. Ele queria ver como viviam as crianças e os animais dali. Andava preocupado. Fomos de aerobus. No trajeto, Merlos resolveu contar-me a sua história.

— Desencarnei há vinte anos, você sabe.
— Sim.
— Quer saber como foi?
— Se isso não magoá-lo...
— Ah, não! Foi há tanto tempo! E estou tão feliz no astral! — seus olhos fitaram, perdidos, as estrelas — Foi um acidente de trem. Eu viajava com meus tios. Eles morreram também.
— Você os tem visto no astral?
— Claro. Sempre me visitam. São uns amores. Deixaram um filho que meus pais criam. Não é engraçada a vida? Eles têm cuidado de mim! Têm me dado muito, muito amor! Sabem me fazer mais e mais feliz!
— Sim. E você não cresceu.
— Ora, Mel! Pessoas não "crescem" no astral! Podem tomar a aparência adulta de sua penúltima encarnação! Eu preferi continuar menino.
— Não estou criticando, Merlos.
— Eu sei, desculpe. Fico bravo quando falam disso. Sou criança porque gosto de ser! Que criança não gostaria de permanecer sempre assim?
— Como Peter Pan?
— Ah, lá vem você de novo!

— Não precisa ficar bravo! Só estava brincando!
— Está certo. Não estou bravo.
— O que sonhava ser quando vivia na Terra?
— Ah! Sonhava tanta coisa! Ou jogador de basquete ou... professor de filosofia! Sempre adorei as duas coisas! Só que para o basquete sempre fui pequenino. Mas, ah! A filosofia me encantava! Gostava de ler Platão, Aristóteles, e todos os filósofos modernos!
— Mas lia filósofos... com tão pouca idade?!
— E tem idade pra querer ser inteligente e culto? — Me fitou com olhos incrédulos. — Oh-oh! Não me diga que nunca abriu um livro!
— Merlos! Se sou formada.
— Mas aposto que só lê gibis!
— Revistas em quadrinhos você quer dizer?
— Sim. Aposto!
— Leio mesmo! E daí?
Ele fez um ar malicioso.
— E fotonovelas açucaradas?
EU RI.
— Você é velho, Merlos! Nem existem mais revistas de fotonovelas! — Ah é? Bom, em todo caso, também adoro ler gibis!
— Não deve ter lido tantos filósofos assim! — Você não sabe de nada!
— Você devia dormir em cima dos livros!
Engraçado, ele corou. Devo ter acertado na mosca! Mudou de assunto:
— Estava contando-lhe minha história, porque... queria dizer que... tenho saudade dos meus pais.
— Eles ainda vivem na Escócia?
— Não, agora estão na França.
Merlos secou secretamente uma lágrima.
— Vai visitá-los hoje?
— Não, hoje não. Costumo vê-los à noite, enquanto dormem. Então posso fuçar em toda a casa. Gosto de ver como está tudo. Se vou de dia mamãe pressente minha presença, pois é médium. Ouve até mesmo quando abro gavetas! Fica então emocionada. Já me viu duas vezes! — Ele sorriu, saudoso. — Mas prefiro não tirá-la de sua rotina. Se me sente, fica com saudade demais!
— Não fique triste, Merlos.
Ele tentou sorrir ainda.

— Ah, não! Não estou triste! Gosto que meus pais estejam bem! E estão! Mamãe é, como se diz hoje em dia, muito "massa"! bacana, você compreende? E papai... bem, eu já perdoei o passado. Ele era legal, afinal!
Ele sorriu.
— E agora já estão meio velhos. Mas velhos enxutos.
— Ora, Merlos! Não devem estar tão velhos! Só um pouco... coroas.
— É isso aí: coroas enxutos!
E rimos a valer. Merlos não estava mais triste agora. Olhou pela janela.
— Nem curtimos a viagem. Olhe só: chegamos!
— Ah! Minha Terra querida!
Animados, descemos do ônibus. Merlos abriu os braços.
— Uhuu! Estamos na Terra!
— Merlos! — Olhei ao redor — Seja discreto!
— Ué! — Ele riu. — Mas se ninguém nos vê! Somos "fantasmas", esqueceu?
— Ah, é? Pois olhe!
Ele se virou e deparou com um grupo de espíritos que passeavam por ali. Riam a valer de Merlos. Mais adiante, uma velhinha, médium vidente, acenou para nós. Merlos ficou vermelho.
— Bem, nem tudo é perfeito. Vamos?
Começou a andar rapidamente; eu o seguia.
— Aonde vamos?
— Deixe ver... rua...
— Mas que lugar é esse?
— Ora! Não conhece a velha Roma?
— Nunca estive na Itália!
— Pois está agora. Olhe lá adiante!
— Que lindo!
Eu admirava o Coliseu. Nunca pensei que fosse tão grande, tão... tão imponente!
Merlos me puxou pela mão.
— Vamos duma vez! Sei que essa cidade é organizada, mas tem um gueto por aqui — consultou seu computador de pulso. — Não, não. Estamos longe. Teremos de volitar. Venha!
Volitamos por uns cinco minutos. Descemos num beco escuro, onde muitos cães circulavam. Pareciam magros e doentes. Deviam estar famintos.

— Pobrezinhos! — suspirou Merlos — Veja! Aproximou-se de um cãozinho que estava deitado, sem poder se mover. Ele tinha as patas dianteiras machucadas. Merlos examinou-as.
— Que coisa! Foi atropelado e ninguém serviu para cuidar dele.
— O que faremos, Merlos? Somos espíritos! Não podemos cuidar desse ferimento.
— Não. Mas posso impor as mãos e cuidar de suas patas astrais. Venha cá, me ajude.
Ajudei na imposição de mão. O cãozinho, que gemia e uivava, se acalmou e adormeceu. Pelo menos, não estava sofrendo agora. Mas o ferimento carnal continuava sangrando, e ele ia acordar faminto e com sede, como os outros cães.
Eu disse:
— E agora? Ele continua ferido!
— Hum... deixe eu pensar... — ele ficou em silêncio uns instantes. E então fixou o olhar num garotinho que passava. Gritou: — já sei!
Merlos saiu correndo para o lado do garotinho. Colou-se à sua aura, concentrando-se. De repente, o menino entrou no beco, à procura do animal. Disse:
— Nossa! Mas tem mesmo um cãozinho ferido aqui! Pobrezinho! — e tomou-o nos braços, levando-o consigo — pois vou levá-lo ao veterinário!
Merlos secou uma lágrima.
— Tive sorte. A criança era médium!
— Ele viu você?
— Não, mas intuiu o que eu lhe disse.
— E quanto aos outros cães?
— Hum... — ele encarou um cão preto. — Não vai ser tão difícil ajudar...
O cãozinho olhava para Merlos, balançando a cabecinha. Aproximou-se dele, abanando o rabinho.
— Ele viu você, Merlos! Não me diga que cães são médiuns também!
Ele riu.
— Não se trata de mediunidade. No entanto, alguns animais podem visualizar a aura dos espíritos, por vezes.
— Como uma espécie de "faro astral"!?
— Sim! — ele olhou-me, admirado — gostei do termo: faro astral!

— E agora? O que fará?
— Bem... é simples. Vou levar esse cão onde tem água e comida. Depois ele traz os outros.
Merlos seguiu caminhando entre os becos e ruas estreitas, até chegar à porta dos fundos de uma cantina. O cão, claro, nos seguiu, curioso.
Perguntei:
— E agora? Quem disse que ele irá conseguir comida aqui?
— Mas eu conheço o *maître*! — seus olhos brilharam. — Ele é médium e, volta e meia, desço à Terra para um dedo de prosa com ele! — Colocou as mãos na cintura. — Você duvida?
— Não duvido de nada que venha de você, Merlos!
— Acho bom! Pois espie só!
Merlos colocou os dedos na boca e emitiu um longo assobio. Em poucos segundos a porta de tela se abriu e saiu dali um homem de preto, muito empertigado, com os cabelos emplastados de gomalina e um bigodinho muito engraçado. Abriu um largo sorriso para Merlos:
— Merlos! Meu caro! Você por aqui!
Merlos deu um tapinha "virtual" nas costas do homem. Disse, em bom italiano:
— Tenho uma surpresinha hoje!
— Veio "sorver" a aura dos sorvetes? Tenho um delicioso, de pistache com calda de chocolate!
Merlos olhou para mim, um tanto vexado e sem graça; esboçou um meio sorriso.
— N-não. Não vim comer hoje.
— Ah, sim! Quer discutir o chato do Nietzche, então? Ah, tenha paciência, Merlos! Já disse que não suporto aquele baixo astral!
— Puxa! — Merlos pareceu ofendido. — Nietzche pode ser... deprê, concordo; mas "baixo astral"? Foi um gênio, isso sim! Aliás, ainda é!
— Está bem, Merlos. — O homem esfregou as mãos. — Mas vamos entrar! Está frio! Você não tem frio?!
— Não, pois se sou um espírito! — O homem deu um tapa na testa.
— Que cabeça a minha! Claro! — Só então ele me viu. — Vejo que trouxe uma amiga. Nossa! Como é bonita! Não vai me apresentar?
— Ah, desculpe! Essa é Melissa. Mas pode chamá-la de Mel!

— Olá — eu disse em italiano. Sentia-me orgulhosa; afinal, depois do curso de inglês, fiz um de espanhol e outro de italiano. Estava satisfeita agora em poder praticar a língua, sem qualquer sotaque.

O *maître* curvou-se.

— Prazer, linda donzela! Meu nome é Carlo!

— O prazer é todo meu!

Ele piscou para Merlos.

— Mas então trouxe do astral uma amiga italiana, para me conhecer! Quanta gentileza!

Eu ri.

— Não, não sou italiana. Sou brasileira. No astral aprendemos a falar qualquer língua, sem sotaque.

Ele se admirou.

— Pois devem ter um método incrível.

— Sim, é sim.

— Vivo louco para conhecer o astral! Mas não consigo fazer a tal projeção lúcida da mente. Assim, só visito Merlos em sonho. — Isso é o que ele que me conta! —. Mas depois não recordo nada!

— Isso é uma pena — eu concordei. Carlo fez um gesto largo com as mãos.

— Mas vamos entrar! Estou na minha hora de almoço. Claro, o movimento já passou. Mas daqui a pouco tenho de fazer a programação do jantar. Venham, entrem.

Merlos fez menção de aceitar o convite, mas então lembrou-se do cãozinho preto. Disse:

— Er... acho melhor ficar por aqui mesmo. O que tenho para lhe dizer é rápido.

— Nada de filosofia?

— Hoje não — e apontou para o cãozinho, que agora latia para um gato. — Como vê, trouxe mais companhia.

— Ah! O cãozinho! — Exclamou Carlo — É... seu?

— Não. Eu o encontrei perdido num beco. Está faminto.

— Puxa! — Carlo se abaixou, agradando a cabeça do cãozinho. — Parece mesmo raquítico! Vamos dar um jeito nisso! — Levantou-se e entrou na cozinha. Voltou, minutos depois, trazendo uma tigela com farta refeição. O cachorro animou-se, começando logo a abanar a cauda. Não se fez de rogado: logo começou a devorar a refeição.

— Veja como está feliz! — Comentou Carlo, e esfregou as mãos. — Bem, já que não pretendem entrar, devem deixar-me, pois tenho trabalho pela frente.
— Está certo. Er... — Merlos parecia em dúvida, se devia falar ou não. — Você alimentará o cãozinho?
— Mas ele não tem nome?
— Hum... — Merlos pensou. — Que tal... Platão?
O *maître* riu:— Platão! Que idéia! Está aí! Gostei! Quer saber de uma coisa? Vou mandar dar um banho nele. Depois ainda um leitinho.
— Não me respondeu se o alimentará... para sempre.
— Puxa, para sempre?! Bem... — Carlo cofiou o bigode. — Se ele for esperto, e vier aqui na hora do almoço... e do jantar... — e suspirou. — Está bem, Merlos. Eu lhe darei os restos, sempre que vier.
Merlos corou de alegria. Bateu palmas, imitando Leivo.
— Viva! Você é o máximo, Carlo!
— Ora, ora! — agora o *maître* corou. — Não será nenhum sacrifício. Muitas vezes, os restos vão para o lixo mesmo.
— Seria bom até se vocês tivessem um canil inteiro para alimentar?
— Nossa! — exclamou Carlo. — Não seja exagerado, Merlos! Platão já está de bom tamanho.
Merlos piscou para mim.
— Vamos então, Mel? Já está na nossa hora!
— Vamos, sim. — Estendi minha mão para Carlo. Merlos deu um tapinha na minha mão.
— Como pretende que Carlo aperte a mão de um "fantasma"?!
— Oh! Desculpe!
Carlo sorriu.
— Não sou médium de efeitos físicos. Não pode se materializar através de mim.
Olhei para os lados. Vi os cozinheiros e o pessoal da copa que circulava no pátio, descarregando o lixo, e vi também as pessoas que passavam na rua. Ninguém olhava para nós dois, Merlos e eu, os "fantasmas". Perguntei para Carlo:
— Só você pode nos ver?
— Acho que sim. Ao menos, por aqui — e piscou para Merlos. Este me puxou pela mão.

— Vamos, então, Mel?
E nos despedimos de Carlo. Mas, ao invés de partirmos, Merlos me levou para uma esquina, onde ficamos escondidos.
— Que estamos fazendo aqui?
— Psiuuu! Estamos esperando!
— Esperando o quê?! — sussurei.
— Olhe! — ele apontou para a cantina. Platão tinha terminado seu almoço e, antes que o copeiro pudesse apanhá-lo para o banho, saiu dali; voltava agora do beco, acompanhado pela matilha de famintos. Pararam na porta dos fundos da cantina, começando a emitir uivos e latidos.
Soltei um grito:
— Meu Deus! O que é aquilo?!
— Deu certo! — Merlos bateu palmas — Deu certo!!
Carlo abriu a porta, com uma vassoura na mão. Ia espantar os cães, mas quando viu, à frente deles, o cãozinho Platão, desistiu. Olhou para a rua, procurando por todos os lados. Gritou:
— Merlos! Sei que está por aí! Você me paga!
Merlos se abaixou e me puxou, mandando que eu me abaixasse também. Passamos por um muro e ganhamos as ruas.
Ele ia saltitando, rubro de alegria.
— O que acha que vai acontecer agora?
— Ora! Carlo tem um coração de manteiga! Vai alimentar a matilha, mas é claro!
— Aposto que ele nunca mais vai receber você na cantina.
Ele estacou, arregalou os olhos.
— Será?!
— Aposto!
Ele deu de ombros.
— Bem, isso não importa agora. Ao menos, cumpri o meu dever.
— Foi mesmo revoltante ver os animais abandonados. Sofrendo tanto!
— Sim — e seus olhos se tornaram profundos. — As pessoas não pensam no mal que fazem aos animais. Esse é o problema!
— Você acha que foi descaso de encarnados?
— Sim. O descaso é danoso — empertigou-se. — "Aquele que fere um animal fere as crianças. O que fere as crianças fere o mundo!"
— Sim, é verdade.
— A criança ama o animal porque lê na sua alminha. Animais têm alma, sabia?

— Sim, eu imaginava que sim. E é claro que sim, se vivem conosco no astral! Reencarnam?
— Sim. No entanto, suas almas e suas rodas cármicas são diversas das nossas.
Eu sorri, emocionada.
— Hoje salvamos alguns animais. Isso me fez bem.
— Sim. Tocamos suas alminhas, doces e frágeis — ele esfregou as mãos. — Bem. Nossa tarefa continua. O trabalho nunca acaba, Mel.
— É verdade. Onde vamos agora?
— Quer volitar um pouco?
— Sim... mas... — ele segurou minhas mãos e começamos a volitar rapidamente. Descemos numa terra estranha, com um sol muito forte e cores muito vivas. Era muita beleza. Porém via-se a pobreza por toda parte, e a destruição.
— Onde estamos?
— Na África. Às vezes venho aqui. Tem um lar do qual venho me ocupando. Venha.

Caminhamos um pouco, por vielas e ladeiras, sob um sol escaldante, até chegar a um aglomerado de casinholas, algumas de madeira, outras de barro.

Merlos entrou num casebre. Eu o segui. Ali ninguém nos viu. A mãe cozinhava um caldo no fogão a lenha, e duas crianças, de olhos perdidos, seguravam tigelas, certamente à espera do alimento.

A mãe, apesar da evidente necessidade, parecia contente. Seus olhos brilhavam.

Olhei o conteúdo da panela: era um caldo ralo, com algumas folhas e uma espécie de...

— Capim! — Merlos balançou a cabeça, com pesar. — Ela conseguiu o capim e as folhas verdes para fazer o caldo, e se parece feliz é porque, em muitos dias, nem mesmo consegue alimento para dar aos filhos!

— Oh meu Deus! — emocionei-me fortemente. — Isso é muito triste, Merlos! O que podemos fazer?

— O país esteve em guerra, como deve ter percebido. Essa pobre mulher perdeu seu marido no campo de batalha. Eu convoquei vários anjoelos para me ajudar e inspirar essa boa mulher a mudar sua situação. Ainda hoje, isso deve acontecer.

— Mas como?
Os olhos dele ficaram úmidos:

— Acha que eu estaria satisfeito se não tivesse a solução?
Eu nada disse. Era melhor confiar em Merlos. Já tinha aprendido que ele sempre sabia o que fazia. Assim, fiquei esperando, sentada numa cadeira. Merlos vasculhou os armários. A boa senhora trouxe o seu cozido para a mesa, e serviu os dois filhos. Era incrível, mas ela nada reteve para si mesma. As crianças comiam os alimentos com sofreguidão. Vi uma lágrima nos olhos da mulher. Aquilo me comoveu também. Procurei o meu guia com os olhos, mas ele parecia apreensivo: de minuto a minuto, ia até a porta. Depois consultava seu computador de pulso.

Então ouviu-se o barulho de um carro. De repente, ouvi o grito de Merlos:

— Até que enfim! Eis que chegaram!

— Corri até a porta e vi aproximar-se a equipe de socorro: homens e mulheres com aventais brancos. Traziam medicamentos e mantimentos, que tiravam do porta-malas.

Perguntei a Merlos:
— De onde eles vêm?
— Da Europa e da América. Formam uma Pastoral de Apoio a Famílias Carentes. — Uma alegria brilhou em seus olhos. — Deus seja louvado! Deus abençoou este lar.

Merlos fez o sinal da cruz, que imitei; de mãos postas, oramos em silêncio: os socorristas adentraram o casebre, e a boa mulher começou a chorar.

Falou em português:
— Oh! Como chegaram até aqui? Foi um anjo que trouxe vocês?
Olhei para Merlos. Ele piscou um olho para mim. Os socorristas depositaram os alimentos sobre o balcão, e Merlos ficou ali, conferindo os rótulos.

— Hum... — ele balançou a cabeça. — Temos de tudo aqui. Não passarão mais fome. — Fui até lá conferir.

— Sim... produtos da cesta básica... legumes... verduras... carne. Até suco e doces para as crianças!

As crianças rondavam os alimentos. Um dos socorristas, que se apresentou como Brad, disse à mulher, com forte sotaque:

— Não se acanhe, Ema. Pode começar a preparar uma refeição para eles. — Examinou as panelas e suspirou — o que usou nesse caldo?

Ema ficou envergonhada.

— Usei umas folhas... e grama.
Brad balançou a cabeça. Fez um sinal para uma das mulheres. Disse, em inglês:
— Beth! Você pode preparar uma refeição leve enquanto o Dr. Paul examina e medica a família?
— Uma sopa? — sugeriu ela.
— Sim, uma sopa leve. — Ele fitou Ema e disse: — Por alguns dias, comida leve, com muitos legumes e carne. Não devem abusar no início. Há quantos dias estão assim?
— Mais de dois meses — respondeu a pobre mulher e começou a chorar. Outra mulher se aproximou dela. Tocou seu rosto.
— Perdeu seu marido na guerra, não foi?
— Sim — disse ela — foi isso mesmo. Como sabe?
— Essa é uma história comum por aqui.
Ema secou as lágrimas.
— Meus pais morreram numa invasão também. Assim, fiquei só no mundo, com as duas crianças!
O outro médico, Dr. Paul, disse:
— Pois agora não está mais só. Nossa Pastoral vai cuidar de sua família. Nossos países estão ajudando na reconstrução do seu. Vamos estar com você até que as coisas se ajeitem e possa arrumar trabalho.
A boa Ema caiu de joelhos diante do médico.
— Que os deuses abençoem vocês! Que os curas espirituais elevem suas almas!
O Dr. Paul abriu um largo sorriso.
— Tenho certeza de que seus guias estão aqui. Agora, Ema, levante-se e sente-se nessa cadeira. Vou examiná-la e farei o mesmo com as crianças.
Olhei para Merlos, intrigada.
— Tudo isso parece um milagre! Merlos, como eles souberam da necessidade dessa família?
Merlos sorriu, um tanto sem graça.
— Bem... Ema esteve no terreiro de seus xamãs, em busca de auxílio e...
— Aposto que você mexeu seus pauzinhos!
Ele baixou os olhos.
— Só fiz o que qualquer anjoelo teria feito. Eu estava lá e contatei os anjos guardiães dos membros dessa equipe. Por sua vez,

eles os contataram durante os sonhos. Assim, receberam as coordenadas. Mas claro, não imaginam que foi isso.
Eu ri. Merlos ficou mais sem graça.
— Ora, só cumpri minha obrigação!
— Está certo, anjoelo. Não estou falando nada! Olhei em volta. Uma grande calma tomou conta de mim. Os doutores examinaram a família, receitando medicamentos. As enfermeiras separaram os frascos, e se ocupavam agora da cozinha e da limpeza. Uma delas foi até o carro e voltou trazendo lençóis e toalhas limpas. Depois, arrumou a pequena mesa, lindamente, para uma refeição de verdade. A alegria estampada no rosto das crianças era comovente, e o alívio no rosto da pobre mãe cortou mesmo meu coração.
Com voz embargada, sussurrei no ouvido de Merlos:
— Não acha que devemos ir agora?
Ele suspirou fundo.
— Sim, tem razão. Vamos embora. Não há nada que precisemos fazer por aqui.
E, assim, deixamos a choupana, tendo as almas lavadas. Merlos, orgulhoso, estufou o peito, e foi descendo as ladeiras cheio de satisfação. Mas seu ar feliz durou pouco. Logo se deixou abater, sentando-se no chão de pedra.
— O que foi agora, Merlos?
— Estou feliz pela família de Ema, mas triste por tantas outras famílias que sofrem! A Terra ainda é um mundo inóspito! Aqui existem a fome, a guerra, e isso é doloroso demais.
— Anjoelo! Não podemos sozinhos consertar o mundo! Acho que fizemos a nossa parte. Temos feito! Continuaremos fazendo. E, ainda assim, não poderemos consertar o mundo, Merlos!
Ele suspirou. Tentou conter as lágrimas.
— Você tem razão, eu sei. Acho que devo só sentir-me feliz por Ema e seus filhos!
— E então? — eu lhe estendi a mão. — Vamos?
Por fim, depois de volitar um pouquinho, chegamos a um deserto.
Merlos abriu os braços.
— Olhe que beleza! Não sente a presença de Deus aqui?
Abri os braços também.
— Claro! Sinto-a em toda parte!

— Então Merlos se deixou cair na areia, e seus olhos ficaram úmidos.
— Merlos! O que foi agora?!
— Não sei, de repente, senti um peso! — começou a chorar. — Acho que tenho saudade do planeta perfeito!
— Merlos! Esse planeta nunca existiu.
— Sim, eu sei. É por isso que essa "saudade" não é saudade, mas uma DOR.
— Já conversamos sobre isso. Devia estar feliz, pois fez uma família feliz! Além disso, hoje ajudou animaizinhos frágeis. Devia estar feliz, pelo menos por hoje.
— Estou feliz, Mel.
— Pois então?
— Pensando bem, se todos os planetas ainda não são perfeitos, há aqueles que são muito bons, muito bons!
— Fala dos planetas de regeneração?
— Sim, de regeneração e purificados, como Capela. Sabe, Mel, Capela foi como a Terra. Você conhece a sua história?
— Sim, estudei isso. Capela foi o planeta de origem da humanidade terrestre. E então houve a depuração e o expurgo. Os espíritos evoluídos continuaram suas encarnações em Capela, e os estacionários passaram a reencarnar na Terra, que então era um planeta muito denso.
Ele riu.
— Pelo jeito, quis tirar boa nota em exo-história!
— Ora, Merlos! Tocou no assunto para zoar de mim?!
— Não, nada disso. Adoro Capela. Pela sua história, pelo seu presente. Quando ando por lá, sinto a mão de Deus movendo as peças do Universo. A fé ali venceu, e o amor, e a caridade!
— Você já esteve em Capela?!
— Ah, sim! Várias vezes!
— Eu adoraria conhecer Capela!
— Ora! Podemos ir quando você quiser! — bateu palmas. — Podemos ir agora, se quiser!
— Pois vamos! Oba!
Merlos ficou de pé e tornou a abrir os braços, como se recebesse do deserto toda a sua energia. Fez uma prece e disse:
— Vamos volitar?

Capítulo IX

O Paraíso Perdido

Volitamos, Merlos e eu, até uma estação de aerobus. Ali tomamos a "lotação". Em pouco tempo estávamos na bela Capela, o planeta material mais doce de que eu já ouvira falar. Eu estava encantada. Descemos na cidade de Starium, pequena e moderna. Reparei que não havia carros na rua, mas todos se deslocavam usando uma espécie de patinete motorizado, em baixa velocidade. Não havia poluição, nem buzinas; a cidade fluía em harmonia.
Comentei com Merlos:
— Eles usam patinetes! Não tinha visto antes!
— São os astromos. Podem volitar com eles, mas só o fazem longe da cidade, nas estradas.
— Puxa! Que incrível!
— Sim. Aqui tudo é mais moderno do que na Terra, pois são milhões de anos de civilização.
— Capela é mesmo um planeta de purificação?
— Sim, claro.
—Isso quer dizer que já passou do período de regeneração?
— Sim, e há muito tempo. As pessoas, em Capela, reencarnam para cumprir missões, nada mais de provas ou expiações.
— Eu conheço muito da história desse planeta e acho muito bonita.
Merlos sorriu.
— Sim, eu já sei. Gostaria de reencarnar aqui, não?
— Bem... não sei. Será que alguma vez já vivi em Capela, antes de reencarnar na Terra?

— É provável. Muitos espíritos terrestres já viveram.
— Mas eu gosto da Terra. Quero continuar por lá, vê-la evoluir e se tornar como Capela, planeta de regeneração e depois de purificação.
— Sim, eu também.
Volitamos mais um pouco, até um lindo lago azul onde espécies animais diversas nadavam. Meu coração se encheu de alegria.
— Como é lindo esse lugar!
— Aqui é o Bosque dos Nentos.
— Dos quê?
— Nentos! — ele riu. — Está vendo esses "patos"? Não são patos, mas nentos. Repare como têm cores variadas e uma plumagem diferente.
— Sim, são belíssimos!
— E amigáveis também.
Mal Merlos disse isso, dois nentos se aproximaram de nós, pareciam alegres e famintos.
— Estão com fome? — perguntei.
— Eles querem pólen. É o que comem. Mas as flores estão distantes daqui. Logo eles as encontrarão.
Olhei em volta e observei vários encarnados sentados na relva. Oravam e meditavam, e qual não foi minha surpresa ao ver também desencarnados, que se comunicavam com os encarnados, naturalmente.
— São todos médiuns?!
— Sim, são médiuns. Podem se comunicar com os espíritos.
Eu suspirei, maravilhada. Mais adiante, os nentos encontraram as flores. Um casal de encarnados nos viu e acenou. Merlos acenou para eles.
— Conheço aqueles dois. Estão sempre querendo saber da Terra, pois conhecem os graves problemas que os encarnados sofrem lá.
— Que tal se fôssemos conversar com eles? Adoraria conversar com um encarnado, como se eu também estivesse encarnada!
— Você é boba. Mas está bem, vamos.
Levantamos e nos aproximamos do casal. Merlos nos apresentou. Eram Clarene e Dulmo. Eram muito simpáticos e bons, nos receberam com alegria. Conversamos em esperanto.
Dulmo disse:
— Sintam-se bem na nossa Capela!

— Capela ama os espíritos! — completou Clarene.
— Gostamos de meditar aqui, a essa hora.
Perguntei:
— Que horas são agora?
— Vinte para as 26 — respondeu Dulmo.
— Quer dizer.... — gaguejei — vinte minutos para as 26 horas?!
— Sim — Clarene riu. — Sabemos que na Terra vocês têm ciclos de 24 horas, e por isso se espantou. Aqui temos ciclos de 39. Vinte e seis registra o nosso entardecer, pois as noites são mais curtas.
— P-puxa! — exclamei. — Tudo isso é novo para mim! Que legal!
— Precisamos de menos sono — concluiu Dulmo.
Eu disse:
— Estou percebendo agora que até o corpo de vocês é menos denso que o dos encarnados terrestres.
— Sim, é verdade — concordou Dulmo. — Encarnados também podem se depurar fisicamente, quando alcançam estágios mentais purificados.
— Esse planeta é uma maravilha! E que céu! Esverdeado! — completei, e olhei para Merlos. — O seu planeta perfeito, Merlos!
Merlos corou levemente. Mas Dulmo deu um tapinha "virtual" nas suas costas, dizendo:
— Sabemos, Merlos, do seu sonho de ver um planeta de provas e expiações sem conflitos. Um mundo de amor e de paz!
Clarene concluiu:
— Mas isso é complicado. Os encarnados, nesses mundos, ainda são muito materialistas e bélicos. Ao menos, uma parte deles. Ainda podem fazer guerras e...
— ... E deixar os povos sucumbir à fome — concluiu Merlos.
— Sim, eu sei. A Terra só será um mundo justo quando acabar com isso. A fome é resultado de maus tratos de um homem a outro. Resultado de guerras, egoísmo e de violência. Eu sei disso. E é por isso que às vezes é tão difícil me sentir completamente feliz!
O casal trocou um olhar; pareciam mais tristes. Mas então o anjoelo sorriu e bateu palmas.
— Calma lá! Não vim trazer tristeza a vocês. Ao contrário. Vim contar os nossos feitos, meus e de Mel.
— Mais seus que meus — retruquei. E Merlos discorreu sobre o cãozinho Platão e a família de Ema, na África. O casal pareceu muito satisfeito.

Dulmo disse:

— Uma boa humanidade trata bem suas crianças e também seus animais.

— Foi o que eu disse a Mel.

— Aqui em Capela é assim — disse Clarene. — Nossas crianças são "rainhas". Respeitamos e amamos a infância e desse modo criamos adultos felizes e produtivos.

— Ninguém aqui fica doente? — perguntei.

— As doenças há muito foram erradicadas. Mesmo as doenças endógenas. No entanto, há extracapelinos que nos visitam e podem, inadvertidamente, trazer algum vírus. Mas nosso sistema de defesa clínica é ótimo, rastreamos milhares de vírus e bactérias, todos com tratamento ótimo, e até hoje não tivemos mais epidemias ou problemas graves.

— Vocês aqui... — gaguejei —... usam a clonagem?

Dulmo balançou a cabeça, parecendo espantado.

— Não, de forma alguma! Clonagem envolve questões éticas insolúveis. Não! Capela envolveu-se com isso há milhares de anos, quando ainda era planeta de pré-regeneração. Mas logo a comunidade rejeitou tal terapia, e outras técnicas foram desenvolvidas. Muito mais eficazes, aliás. Um dia a Terra descobrirá essas técnicas também.

Enquanto conversávamos, percebi crianças que observavam meu guia, parecendo curiosas. Ele acenou para elas e algumas se aproximaram.

Um menino perguntou:

— Você é de outro planeta?

Um garoto disse:

— Ele é um espírito, não está vendo?

— Você é boba! Ele é um EC!

— EC?! — sussurei no ouvido de Merlos. — Que é isso?

Ele sorriu.

— Extracapelino! Como ET é extraterrestre, entende?

— Ah!

— Então — perguntou a menina, pondo as mãos na cintura — você é um EC ou um espírito?

— Os dois! — respondeu o anjoelo. — Sou um espírito da Terra. Que tal?

— Vivaaa! — a garota bateu palmas. — Adoro espíritos da Terra!

— Você nunca viu um espírito da Terra! — gritou, enfezado, o garoto.
— Mas estou vendo agora!
As crianças sentaram-se ao redor de Merlos.
Outra menina perguntou:
— Como é a Terra?
Merlos coçou o queixo, depois disse:
— É um planeta bonito, azul, se visto do espaço. Verde se visto de casa.
— Nossa!!!
— Temos crianças e animais, como em Capela.
— As crianças brincam muito?
— Brincam, claro. E estudam também.
— Nós também estudamos!
— E brincamos!
Um garotinho mais novo disparou:
— Você é um anjo?
— Hum... — Merlos coçou a cabeça. — Não, sou um filósofo.
— Oba! — bateu palmas uma menina — quero ser filósofa também!
— Você nem sabe o que é filosofar! — retrucou o menino, irritado.
E assim, logo mais e mais crianças rodearam Merlos, querendo saber tudo sobre a Terra e sobre os espíritos infantis. O casal logo teve de voltar para sua casa, e ficamos com as crianças. Assim que escureceu, resolvemos partir. Perguntei para Merlos:
— As crianças estão sozinhas no bosque?
— Parece que sim.
— Isso não é perigoso?
— Não se preocupe — retrucou ele — seus pais estão logo adiante, e não há perigo em Capela. Todos são muito evoluídos moralmente.
Um garotinho perguntou a Merlos:
— Você vai voltar para o espaço agora?
— Sim, vou voltar ao astral.
— Hum... será que pode mandar um beijo para uma pessoa muito especial?
— Quem?
— O menino Jesus, é claro!

Merlos prometeu que daria um jeito de enviar esse beijo a Jesus, e assim partimos. Viajávamos no aerobus. Intrigada, inquiri Merlos:

— Jesus é conhecido em Capela?
— Sim, é mentor de Capela, tal qual da Terra.
— Sei que parece bobagem o que vou perguntar. Mas o menino mandou um beijo para o "Menino" Jesus. Jesus pode voltar a ser menino?

Merlos riu:
— Ora, Mel! Jesus é um espírito puro, e detém as recordações de todas as suas vidas carnais e espirituais! No entanto, claro, pode tomar qualquer forma, como a de um menino, se quiser.
— E como você mandará esse beijo para nosso mentor Jesus?
— Hum... deixe-me pensar! — e apertou os olhos, concentrando-se. Minutos depois, tornou a abri-los. Sua face estava iluminada.
— E então?
— Sou um anjoelo — ele estufou o peito — posso enviar pensamentos aos espíritos puros, como Jesus. Sabia que ele absorve todos os pensamentos que lhe são endereçados?
— Mas então não é preciso ser um anjoelo para comunicar-se com Jesus!

Merlos franziu o sobrolho, e mudou de assunto.
— Você gostaria de sentir a paz de Jesus?
— Eu posso? — perguntei, afetando as palavras. Merlos se irritou mais.
— Ora, Mel! Deixe de zoar! É claro que pode, todos podem!
— Então como se faz?
— Assim — ele segurou minhas mãos. — Feche os olhos e se concentre. Envie apenas os seus sentimentos de amor a Jesus, e Ele enviará sentimentos ainda mais puros a você.

Concentrei-me. E, de repente, comecei a sentir incrível paz, e a sentir como se a luz de Amor puro me envolvesse. Abri os olhos e deixei correr as lágrimas.

— Merlos! Isso é incrível!
— O que está sentindo?
— Amor! Felicidade! Fé!!
— Não é maravilhoso? — ele secou uma lágrima, furtivamente. — Também os encarnados podem fazer isso. Se muitos fizessem, não haveria tanta dor na Terra!
— Quero sintonizar Jesus todos os dias!

— Pode fazer isso. Basta repetir o que fez agora!
Olhei as estrelas que passavam como um véu de brilhantes, em impressionante velocidade, diante de nossa janela.
— É lindo olhar esse espetáculo! Como alguém pode não crer em Deus ao olhar as estrelas?!
Merlos sorriu.
— Quem vê as estrelas crê, Mel. Somente o orgulho impede que alguém o confesse.
— Por que, Merlos?
— Porque Deus está em toda parte. Para onde quer que você olhe, lá está Deus. A dificuldade do homem é reconhecê-lo dentro de si mesmo. Se ele for capaz de fazer uma maldade, pode não sentir Deus! Mas sentirá fortemente se for bom!
— Por que às vezes as pessoas são más, Merlos?
Ele fixou o olhar nas estrelas.
— Porque têm medo de amar.
— Mas se o amor é maravilhoso, por que alguém o temeria?
— Quando ama, Mel, o ser se assemelha a uma criança. Totalmente pura e indefesa diante do mal. É como ele se sente. No entanto, o amor é a força do ser!
— Oh! É isso então?
— É um engano pensar que o mal pode combater o mal. Não. O mal alimenta o mal. O bem combate o mal; e o amor, claro, o amor é o bem!
— Então entendo que você disse que essa "criança pura", cheia de amor, não é indefesa, mas forte!
— Sim, Mel. A sensação de fragilidade não é real. O Amor é a força que move o mundo, é o éter de Deus. Deus é amor! Pode haver força maior que Deus?!
— E Deus criou os espíritos de sua matéria, o amor, não é mesmo?
— Claro! Sim! Então somos amor, somos pura força!
Olhei para meu guia com admiração, sorri:
— Você é um sábio, Merlos!
Ele ficou sem jeito; coçou a cabeça.
— Que nada! Sou só uma criança! Uma criança metida a adulta! — e riu. Apontou para fora. Vi a Terra que se descortinava, azul, à nossa frente.
— Veja só! — disse ele. — Eis a nossa Terra!
— Vamos ficar no astral?

— Não ainda. Vamos primeiro à Terra física. Há umas coisinhas que quero ver por lá, antes de voltar para casa.

E assim descemos na Terra outra vez. Estávamos no Brasil. Volitamos um pouco e paramos diante de um riacho. Merlos examinou as águas, usando um estranho e pequeno aparelho. Recolheu uma amostra de água e tornou-a fluida, ou seja, espiritual. Provou-a. Parecia satisfeito.

— Hum, hum! Límpida! Pura!

— Não estava assim antes?

— Não! Esse lugar estava contaminado! Mas agora está tudo bem!

Eu sorri!

— Você parece animado!

— E estou! Os encarnados, no Brasil, estão cada vez mais preocupados com o ambiente! Isso é maravilhoso!

— Mas ainda falta muito por fazer...

— Sim, é verdade. Mas é um início, e tende a melhorar!

— Isso é muito bom!

— De fato! — ele abriu os braços, inalando profundamente o ar. — Como é bom estar aqui! Como amo a Terra!

Abri os braços também.

— O planeta prepara-se para a regeneração, não é isso?

— Sim, e as mudanças já começaram!

— Como assim?

Merlos sentou-se num tronco de árvore.

— O homem terrestre saiu de Capela, o seu "paraíso perdido". Agora não pode perder a Terra, que ainda se tornará o seu "paraíso".

Sentei-me ao seu lado.

— Mas as pessoas não se recordam de Capela!

— Mas têm a memória atávica do que viveram lá, e, na espiritualidade, fazem planos para a futura encarnação, e querem transformar a Terra numa Capela, o paraíso da humanidade encarnada!

— Tem razão. Os espíritos estão sempre preocupados com a depuração da Terra!

— Vê aqueles garotos? — Merlos apontou para dois adolescentes que conversavam no outra ponta do lago.

— Sim, vejo.

— Ouça o que dizem.

Apurei minha audição espiritual e ouvi as palavras deles:

— Você acha que podemos mesmo transformar o mundo? — perguntou um dos garotos ao outro.
— Parece utopia? — disse o outro garoto. — Pois eu não acho! Podemos fazer a nossa parte!
— E qual é a nossa parte?
— Ora, Clóvis! Cuidar da natureza! Não acha lindo esse parque?
— Acho. Gosto daqui, Roni!
— Pois eu quero estudar ecologia!
— Prefiro turismo!
— De qualquer modo, podemos preservar toda essa beleza!
— Sim! Farei isso!
Merlos olhou para mim. Tinha o rosto iluminado.
— Adoro a moçada, porque ela está mais consciente!
— Acha que são eles os agentes da transformação planetária?
— Oh, sim! Claro! São os espíritos missionários que estão reencarnando por toda a parte! — bateu palmas. — Adoro vir aqui! Virei sempre!
— Mas não acha que agora devemos voltar? Estamos há muito tempo fora do astral!
Ele consultou seu computador.
— Sim, é verdade. Acho melhor irmos. — Segurou minha mão.
— Vamos tomar o aerobus!
Volitamos até à estação mais próxima. Merlos estava sorridente.
— Sinto que meu sonho está cada vez mais próximo!
— Logo não precisará mais ir a Neturno para pesquisar e... sonhar!
— Ora, Mel! Amo Netuno também! Sonho com o dia em que a humanidade encarnada estará se espalhando por lá, e por suas luas. Aliás, você me deu uma boa idéia.
— Que idéia?
— Amanhã mesmo irei a Netuno para trabalhar na transformação matérica e etérica curativa da água.
— E para quê?
— Para testar as condições do planeta para uma possível colonização, ora!
Eu ri.
— Esse Merlos!
E assim, contentes, entramos no aerobus, que acabava de chegar.

Capítulo X

O Grão de Luz

Cheguei ao Sítio das Margaridas para visitar Leivo, mas ele havia saído numa excursão com as outras crianças. Soube que Merlos estava no sítio, assim, decidi vê-lo. Havia dias que não o encontrava, pois eu estava estudando muito. Encontrei-o no salão azul. Estava descalço e impunha as mãos sobre a fronte de Caio, que estava meditando. Merlos orava em voz baixa.

Não querendo incomodar, sentei-me numa poltrona, perto da janela. Meia hora depois, eles saíram de sua concentração e me viram. Caio abriu os braços.

— Mel! Estava com saudade!

Levantei e abracei-o.

— Por onde você andava?

— Não estou mais em Solar do Sonho, mas em Luz do Amor. Agora trabalho com suicidas. É um grande trabalho, exige muito de mim.

— Já está adaptado?

— Totalmente! Estou muito feliz!

Aproximei-me de Merlos.

— Oi, Merlos! Como está?

Ele sorriu, acabando de amarrar os sapatos.

— Estava mesmo pensando em procurar você! Quero levá-la à Terra.

— À Terra?

— Tem umas coisas que precisamos ver por lá.

— O que é?

Nisso, a porta se abriu e Alice entrou. Há quanto tempo não sabia dela! Corri e atirei-me em seus braços.

— Alice! Até que enfim!
Ela riu e me beijou.
— Mel, minha menina! Não pense que me esqueci de você! Pelo contrário! Tenho acompanhado todos os seus passos!
— Pois soube que estive em Capela?
— Sim, soube, é claro! Merlos tem sido um bom guia para você — e estendeu as mãos para Caio e Merlos. — Oi, Caio! Oi, Merlos! Precisamos nos sentar e conversar, Merlos, preciso que vá à minha casa hoje, no final da tarde.
— Hum... — começou o anjoelo — Já sei! Você partirá para a Concentração Angelina!
— Sim, é isso. Já concluí os preparativos da ordenação e agora preciso ir para a concentração. Mas ainda é só a Fase Um. Devo voltar ainda para Solar do Sonho. Não é já que me tornarei um Anjo Guardião!
— Você deve estar emocionada! — disse Caio. — Pelo menos eu estaria!
— Sem dúvida que estou, Caio! Tudo isso é uma responsabilidade muito grande, e também uma bênção! Sinto-me profundamente feliz!
— Mas não vai esquecer da gente, não é? — perguntei. Ela me abraçou mais forte.
— Claro que não, Mel! Um guia espiritual está ligado para sempre aos seus protegidos! Esse laço é indissolúvel.
Senti uma lágrima brotar.
— Mesmo assim sentirei saudade... quando a hora chegar!
Merlos secou secretamente uma lágrima e estufou o peito, tentando esconder a emoção.
— Eu apareço então no final da tarde, Alice! Já ajudei Caio a meditar e agora preciso levar Mel à Terra.
— O que vai fazer lá?
— Você logo saberá!
Alice deu o braço a Caio.
— E então, Caio? Vamos até o lago? Gostaria que me contasse sobre seu novo trabalho!
— Eu adoraria!
Acompanhamos, Merlos e eu, os dois até o lago, e ali nos despedimos. Tomamos um aerobus e chegamos à Terra, em Floripa, Santa Catarina.

Merlos me levou até a casa de meus pais. Os dois estavam no quarto, orando, com um terço nas mãos. A cena me emocionou e não pude conter as lágrimas. Abracei Merlos.
— Meus amados pais! — sussurrei — Que bom que estão bem! Eu os amo tanto, Merlos!
— E eles, sem dúvida, a amam muito também, minha querida!
— O amor nunca morre, não é?
Merlos fitou-me. Seus olhos claros brilhavam.
— Mas se o amor é a matéria do espírito, se o tempo se conclui no amor! Como poderia morrer?!
Meus pais rezaram mais um pouco e então fizeram o sinal da cruz. Papai tomou as mãos de mamãe:
— Ana, querida! Sabemos agora que fomos bons pais!
— Sim, estou convencida disso!
— Então não devemos nos culpar mais!
— Eu não me culpo, Fê!
Papai tinha os olhos sonhadores.
— Mel era feliz! A lembrança que guardo dela é a de uma jovem feliz!
— Sim. Lembra-se como ela gostava de nossos passeios pelas praias? Da Praia dos Amores, você se lembra?
— Sim, ela se encantava com o lugar! A areia branca, o mar esverdeado!
— Adorava a beleza selvagem das praias!
Merlos sussurrou no meu ouvido:
— Nunca me disse isso, Mel.
— Pensei que você, como meu guia, soubesse de tudo!
— Ora! Não sou onisciente, Mel! Diga lá, a Praia dos Amores é tão linda como a Praia dos Sonhos?
— Ainda mais — sussurrei.
Mamãe abraçou papai.
— Será que onde ela está tem praias?
— Não sei, Ana. Mas tenho certeza de que é um lugar muito bonito!
Os dois sentaram-se no sofá junto à janela. Olharam, emocionados, para as estrelas.
— Ela mora lá... — mamãe apontou para elas — em algum lugar! Não é, Fê?
— Hum... nas estrelas... ou em algum lugar próximo da gente!

— Você acha? Na Terra?!
— Não sei. Já ouvi falar.
Mamãe tinha lágrimas nos olhos.
— Quem sabe? — Papai olhou ao redor, como se pressentisse minha presença. Eu estava muito emocionada; aproximei-me dos dois e sentei aos seus pés. Instintivamente, acariciei o ventre de mamãe, e senti uma pulsação. Olhei para Merlos, que sorriu:
— Sim, Mel.
Mamãe acariciou o próprio ventre, e sem que ela percebesse, sua mão tocou a minha.
Ela sussurrou:
— Sinto-me renovada, Fê! Sinto que agora tenho um grande amor para dar a esse novo filho!
As lágrimas brotaram de meus olhos. Meio zonza, me afastei dali e fui ter com Merlos. Ouvi a sua vozinha:
— Ora, Mel! O grão da felicidade!
— Como assim?
— O grão de luz, Mel, o que cresce e gera a felicidade!
— Fabinho?! — perguntei a Merlos. Ele sorriu, assentindo.
— Seu irmãozinho!
Papai disse à mamãe:
— Tenho certeza de que Mel ia adorar o irmãozinho! Ela era tão carinhosa!
— Sim, é verdade — mamãe riu. — Estaria agora mais feliz que nós dois juntos!
Papai beijou-a.
— Minha Ana! Eu te amo tanto!
— Mas Fê... ela não ia confundir o nosso amor pelo Fabinho, ia? Não ia achar que estamos substituindo o seu amor, que afinal, é insubstituível!
— Não, Ana, não! Assim como não a amamos para esquecer Flávio! Amamos Flávio e amamos Mel! Ela não o substituiu. O amor é único! Mel compreende isso, claro!
— O amor dela nos consolou.
— O amor é a porta da felicidade, minha querida!
— Sim — ela o beijou — acho que a vida é boa, Fê.
Enxuguei as lágrimas.
— Eles parecem felizes, Merlos.
— Isso não deixa você feliz também?

— Sim, muito!
Mamãe ligou o aparelho de som, e foi incrível, porque a música que tocava era a música minha e do Beto. Ouvi-a dizer, com os olhos sonhadores:
— Adoro essa música! Mel sempre a ouvia. Acho que lembrava de seu namorado então!
— Sim — papai disse — acho que já ouvi essa música.
Foi incrível também, porque agora que eu falava inglês pude entender, finalmente, a letra de minha música, que dizia "por favor, nunca diga adeus, eu não sei dizer adeus!"
Fiquei mais emocionada. Disse a Merlos:
— Não tenho mais ciúme do Beto, agora que sei que ele tem uma namorada.
Merlos fez o seu ar enigmático.
— Já lhe disse que ainda não encontrou o seu amor, não disse? Pois dê tempo ao tempo!
— Encontrarei um dia, Merlos?
— Ora, Mel! Não deve preocupar-se com isso agora. Por ora, tem outros deveres no astral.
— Sim, eu sei.Tudo isso é bobagem.
Merlos olhou ao redor.
— Então, vamos? — disse. Meus pais dançavam suavemente embalados pela música. Abraçadinhos. Trocavam juras de amor. Olhei emocionada para eles. Soprei um beijo na sua direção e sussurrei:
— "Eu não sei dizer adeus; por favor, não diga adeus!"
Eles não sentiram a minha presença, mas estavam tão emocionados! Como eu, estavam felizes! Saí dali com meu guia transitório, feliz, muito feliz!
Na rua, eu lhe disse:
— Então vou ter um novo irmão! Isso é maravilhoso, não é?
— Oh sim! A vida é sempre maravilhosa!
— Acho que agora posso sentir paz!
— Sim, deve sentir-se em paz.
Olhei para ele.
— Não sei como agradecer, Merlos.
Ele corou um pouquinho.
— Ora, não há o que agradecer.
Tomei o seu rostinho entre as mãos e beijei, vezes sem conta.

— Meu querido! Eu o adoro!
Ele ficou mais corado. Queria se desvencilhar, mas não podia. Então começou a me fazer cócegas. Eu ri.
— Está certo, eu largo você! — larguei — Você é bobo!
— Por quê?
— Ora! Se sou um espírito, não sinto cócegas!
Ele suspirou.
— Está bem, sou bobo.
— Mas eu adoro esse bobo!
Fui tentar dar mais um beijo em Merlos, mas ele... desapareceu! Reapareceu, segundos depois, no fim da esquina. Acenava para mim.
— Venha, Mel! Tem uma coisa aqui que quero que você veja!
Aproximei-me e vi uma janela numa casa, para onde Merlos apontava.
— Que tem ali?
— Venha! Vamos entrar!
— Mas... invadir uma casa assim?!
— Ora, Mel! Não vamos "invadir"! Vamos ajudar!
— Está bem. Vamos.
Volitamos e atravessamos a porta da casa. Era uma moradia simples, de madeira. Ali estava uma mocinha que, abraçada ao seu travesseiro, na cama, chorava muito.
Olhei para Merlos.
— O que ela tem?
— Está grávida. Foi abandonada pelo rapaz. Tsk, Tsk! Que coisa triste!
— E agora?
— Olhe ali!
Olhei a mesa de cabeceira, que Merlos apontava. Havia ali um copo com água e duas caixas de comprimidos. Imediatamente, compreendi.
— Ela VAI fazer isso?!
— Não, se pudermos ajudá-la!
— Mas como faremos isso?
— Escute!
O telefone tocava. Ela atendeu, aflita. Disse "alô", mas logo pareceu desanimar. Merlos segredou-me:
— Temos de nos preparar. Ela recebeu uma notícia ruim.
— Quem é?

— Uma amiga dela.
A mocinha recomeçou com os soluços, ainda mais desesperados. Gritava: "Não"! Não! Não acredito!"
— O que a amiga está dizendo a ela, Merlos?!
— Oh-oh! Pobre garota! O rapaz quer que ela... se livre da gravidez! Mandou dar esse recado pela amiga. Caso contrário, disse, fugirá para longe!
— Ele é rico?
— Sim, e pode mudar de país.
— E nem para falar com ela pessoalmente!
— Pois é. Como dizia minha mãe: "esses homens!"
— Coitada da...?
— Miranda. Esse é o nome dela.
Miranda gritou "não vou fazer isso!" e bateu o telefone. Atirou-se no travesseiro e chorou sem controle. Depois, olhos vazios, fitava as caixas de pílulas.
Cutuquei Merlos.
— Precisamos fazer alguma coisa!
— Sim — ele concordou — e vai ser agora! Olha, você fique aqui e não se agite. Ela não poderá ver você. Se vir, pode se assustar. Deixe que só eu cuido desse assunto!
— Mas ela vai ver você?
— Shiuuuu! — ele colocou o indicador sobre os lábios, e se aproximou de Miranda. Sentou-se ao pé da cama e começou a cantarolar. Miranda levou um susto; tremia agora. Sussurou:
— Q-quem está aí?
— Ora, você sabe quem!
— O... anjinho levado? — ela virou-se e deu de cara com Merlos. Começou a rir, e chorar.
— Não! Hoje, não! Hoje não quero falar! Vá embora!
— Mas hoje é que preciso, falar!
— Lá vem você! Lições de moral outra vez?
— Se é médium, devia aproveitar!
— Não vai me fazer desistir do que vou fazer!
— Você é tola! Se se matar, de qualquer modo, vai perder o bebê!
— Eu não vou tirar o meu filho! É isso que Mau quer!
— Esse Mau está sendo bem mau!
— O Maurício FOI mau! Mas não aceito isso! Não aceito!

— Você está certa! Deve ter o seu filho. Mas como irá tê-lo se se matar?!
Ela pensou um instante. Depois recomeçou a chorar.
— Você está me deixando confusa.
— Oh! Devia ter pensado em tudo antes. Vocês jovens têm muita pressa! Eram só namorados!
— Lá vem você com o papo de casamento!
Merlos deu de ombros.
— Não estou criticando. Mas deu no que deu, não há como negar.
— Meu filho não é um "azar"! É meu filho!
— Mas claro que é seu filho! É um espírito, se é que você me entende...
— Espírito?!
— Sim. Como você, como eu. Somos espíritos, não vê? Você encarnada, eu desencarnado!
Ela apalpou o ventre, e seu rosto se iluminou.
— Quer dizer que... há um espírito dentro da minha barriga?
— Bem... — ele examinou a barriga — ainda é muito cedo para ele estar aí, de fato. Mas está a caminho. Saiba que seu filho existe e se prepara para reencarnar. Você não vai decepcioná-lo, vai?
— Ele... está ainda no astral?
— Preparando-se... "fazendo as malas", sabe como é? Prepara-se para habitar o corpinho que se desenvolve em você.
— Como é lindo isso! — Miranda secou as lágrimas — Oh, anjinho! Obrigada por ter vindo!
— Já sabe o que fazer?
— Bem... ainda não.
— Se eu fosse você, começava jogando essas pílulas no lixo.
— Você acha?
— Acho. Isso pode fazer mal para o bebê.
Miranda apanhou as caixas e foi até o banheiro. Merlos foi atrás. Ouvi as pílulas, uma a uma, serem jogadas no vaso. Depois ela deu a descarga.
Voltaram os dois para o quarto. Merlos piscou o olho para mim. Miranda assustou-se:
— Para quem você piscou?
— Não foi nada, só um cisco no meu olho. Deixe pra lá.
Mas ela não era nada burra.

— Tem um espírito aqui e eu não posso ver?!
— Você só pode ver os espíritos quando eles querem ser vistos. Às vezes, seu quarto está cheio deles. Já pensou se visse a toda hora?
— Nossa, que estranho! Eu não ia agüentar!
— Pois então. Melhor esse papo só entre nós dois. Ok?
— Ok. — Ela parecia bem mais calma agora. — Estou feliz agora. Nem sei por quê.
— Mas eu sei.
— Por que então?
— Porque optou pela vida. Isso é assim mesmo. A vida traduz a felicidade.
— Acho que é isso mesmo. Só pode ser!
— Está feliz porque afinal seu grão de luz germina em você.
— Grão do quê?
— Grão de Luz. O filho que irá iluminar a sua vida, transformá-la! — E ele olhou para mim outra vez e piscou. Eu estava emocionada, pensando no meu irmãozinho que ia nascer; um pequeno grão de luz!

Merlos continuou:
— Não acha que a vida traz em si a luz, e que a luz ilumina tudo?
— Sim... claro que sim.
— Então não é melhor optar pela vida?
— Tem razão, Merlos. Eu estava desesperada. Não podia raciocinar.
— Mas essa pequena nesga de raciocínio ajudou você, e salvou sua vida e a de seu filho!
—Sim.
— Porque Deus está presente na sua vida.
— Foi... foi Ele que mandou você?

Merlos riu.
— Oh, eu não sei! Mas a gente obedece a Deus mesmo sem saber que Ele nos enviou para cumprir alguma missão.

Os olhos de Miranda se encheram de água.
— Você... é um anjo, não é?

Merlos corou levemente.
— Hum... anjo, não. Você tem seu anjo. E ele está sempre presente. Eu sou apenas uma criança que adora ver bebês nascendo!

— Oh, anjinho! — ela riu. — Já veio outras vezes e nem sei o seu nome!
— Merlos. — Ele estendeu a mão. Miranda foi tocá-la, mas sua mãozinha atravessou a dele. — Oh! — ela gritou assustada.
— Desculpe! — Ele retirou a mão, com cara de bobo — Não pude me materializar! Mas isso é assim mesmo.
Ela riu.
— Você é muito inteligente para ser uma criança, sabia?
— E por acaso acha que crianças são burras?!
— Não! Eu não quis dizer isso!
Comecei a rir e, sem querer, a garota pôde me ver e ouvir. Ela gritou:
— Olhe! O outro fantasma!!
Merlos colocou as mãos na cintura. Parecia bravo.
— Melissa! Você por aqui?!
— Oh! Desculpe! Vou ficar invisível outra vez!
— Não! — disse Miranda. — Fique, Melissa! Nossa! Você é linda!
— Mel! — Eu me aproximei dela. Ia estender a mão, mas Merlos me olhou, fazendo caretas. — Pode me chamar de Mel! — e sentei na beira da cama. Merlos beliscou discretamente a minha perna.
— Aaaiii!!!
— Fique à vontade, Mel — sorriu Miranda. — Deve ter ouvido a conversa. Eu estava com problemas, mas o anjinho... Merlos está me ajudando!
Merlos disse:
— Oh-oh! Acho que algo muito bom vai acontecer agora!
— Agora?
— O quê? — perguntei. Nisso, ouviu-se a campainha.
— Não vai abrir a porta? — perguntou o anjoelo a Miranda. A garota correu para a sala... Abriu a porta. Ali estava um rapaz que Merlos disse ser Maurício, o namorado. Os dois se olharam longamente e então ela caiu nos braços dele.
— Mau!!
— Mi! Meu Amor!
O rapaz caiu de joelhos diante dela.
— Mi! Perdoe-me! Diga que perdoa! Eu não vou mais deixar você! Vou ficar e casar! Vou cuidar de vocês!
— Vocês?! — exclamei. Merlos me cutucou.

— Ela e o bebê! Mas está com a cabeça na Lua?!
— Ah, sim!
— Vamos! Agora concentre-se!
— Para quê?
— Shiiiuu! Fale baixo! Para ficar invisível, né, inteligência! O momento é dos dois! O rapaz também é médium! Não vai querer estragar o momento deles, vai?
— Mas não seria melhor então deixarmos a casa?
Ele gaguejou:
— D-deixar a casa? Mas...
— Ou será que você quer espiar o namoro dos dois?!
Merlos arregalou os olhos, inflamou-se:
— Ora, Melissa! Como pode pensar isso de mim?! — e emburrado, me puxou pela mão e saímos da casa, atravessando uma parede. Fomos caminhar na praia.
Perguntei ao meu guia:
— E então, "anjinho"? Que tal foi tudo?
Ele me olhou de soslaio.
— Se pensa que me ofende me chamando de "anjinho", engana-se. Adoro ser chamado assim!
— Não estou ofendendo, estou brincando!
— Eu sei, anjinha. E estou muito feliz. Miranda se casará com Maurício e terá o seu filho.
— Esse filho irá mudar a vida dela, não é?
— Sentiu isso, Mel?
— Sim. Mas há algo por trás que não pude captar.
— O rapaz, Mau, está doente, Mel. Não tem muito tempo de vida.
— Oh! — senti-me tonta. — Eu percebi algo... diferente... nele.
— Sim, a sua aura. Estava muito escura. Percebeu sim.
— Então foi isso!
— Ele não sabe ainda que está doente. Tem enjôos e dores, mas não dá importância. Mas, em breve, terão de encarar isso.
— E então...
— Miranda terá o seu filho. O "grão de luz", que dará um sentido novo à sua vida!
— Puxa! Mas o rapaz... sinto pena, Merlos!
— Ora! Pena! Se sabe que a morte é só uma passagem, se a verdadeira vida está no astral! Maurício acaba de cumprir sua missão na Terra, que era dar esse filho a Miranda.

Senti as lágrimas aflorarem em meus olhos.
— Sim... é lindo isso, Merlos!
— Como você, cumpriu sua missão, Mel. Uniu pelo amor os seus pais. E proporcionou-lhes uma nova vida. E assim eles quiseram ter outro filho, e dar a oportunidade de resgate a um novo espírito, esse que vai nascer como seu irmão!
— Oh Merlos! — e me pus a chorar, muito emocionada. O anjoelo segurou a minha mão.
— Oh-oh! Deixe de lágrimas! Assim não poderá ver esse pôr-de-sol tão lindo! — e secou secretamente as suas próprias lágrimas. Abracei-o e beijei-o. E pus-me a apreciar o lindo céu riscado de vermelho.

Capítulo XI

A Sociedade do Jesus Cristinho

Fazia dias que, vivendo na colônia, eu me sentia muito feliz! Na verdade, eu era um espírito muito feliz. Acompanhar o trabalho de Merlos, trabalhar, ajudar as pessoas, estudar. Isso estava me fazendo bem.

Agora, passeando na Praia do Sonho, eu me punha a pensar sobre todas essas coisas. Acho que eu queria... filosofar. Sim. Eu queria fazer como Merlos, filosofar. Olhei o mar azul e pensei: como se filosofa? Hum... pensa-se sobre um assunto. Qualquer assunto? Sim, claro! E então escolhi pensar sobre... a felicidade! Mas claro! Fui caminhando na areia macia e pensando: felicidade, felicidade... claro!

— A pergunta principal — disse comigo mesma — é: o que é felicidade?

— Muito bom! — ouvi uma vozinha familiar a meu lado. — Está no caminho certo!

Virei-me e vi Merlos, flutuando logo atrás de mim. Aquilo me irritou. Gritei:

— Por que não anda, como todo mundo?

— Oh-oh! Porque estou cansado!

— E posso saber de quê?

— Sim, pode. De tanto jogar fut... de tanto andar pra lá e pra cá, executando um trabalho!

— E que trabalho será esse?

— Falaremos mais tarde do meu novo trabalho. Acho que estávamos filosofando sobre... a felicidade!
Eu corei.
— Você está zombando de mim!
— Não, não estou. — Não há mal nenhum em querer filosofar!
— Você acha?
— Claro!
— Hum... na verdade, fui salva pelo gongo. Não sei filosofar.
— Ora, não é tão difícil.
— Ajude-me, então.
— Adoro filosofar sobre a felicidade, mas hoje, não. Hoje estou com a cabeça em outros assuntos.
— O seu trabalho novo?
— Sim, e também meus trabalhos velhos. Há tanta coisa, Mel, por fazer!
Mudei de assunto:
— Gosta de ser meu guia transitório, Merlos?
— Ô, se gosto! É bastante responsabilidade, afinal funciono como uma ponte entre você e orientadores mais evoluídos. Ao menos, na ausência de Alice. E gosto de ter responsabilidade! — sorriu, afetuosamente. — E gosto de sua companhia!
— Também gosto de sua companhia, Merlos.
— Obrigado.
Eu suspirei:
— Com tanta responsabilidade, sente-se adulto?
Ele riu.
— Sou criança porque quero.
— Está bem. Eu sei.
— Ontem recebi mensagens de Alice.
— O que disse ela?
— Ela está bem, na concentração. Disse que está orgulhosa de você, que está tranqüila. Gosta de ver você trabalhando tanto e bem.
Meu coração disparou.
— Ela disse isso?
— Se estou dizendo! Alice gosta de você!
— Bem... tanto trabalho... graças a você.
— Graças ao seu esforço. Isso sim! Tem ajudado as pessoas, Mel. Isso é bacana.
Eu corei mais.

— Ora, Merlos, não mereço tantos elogios.
— Você terá ainda a sua recompensa!
— Qual?
— Hum... tudo tem seu tempo. Você saberá, na hora certa.
— Pois aposto que sei o que é.
— Ah, sabe? E como?
— Tive um... vislumbre intuitivo. Vi, ainda distante, a minha... alma gêmea!

Merlos bateu palmas.
— Oh-oh! Oba! É isso mesmo! Seus "vislumbres intuitivos" andam bons, não? Pra quem só gostava de usar os cinco sentidos... está muito bom!

Segurei as mãos de Merlos.
— Sim! Estou aprendendo a usar a intuição!

Mas segurava suas mãos com tanta força, que ele veio ao chão.
— Oh! Desculpe!
— Ai! Meus pés! — ele se sentou. — Ficou animada, não?

Sentei-me a seu lado
— Bla! Blá! Blá! Isso não é assunto para agora! Isso vai levar um tempo! — Ele fez uma careta. — Mulheres só pensam em romance! Anda! Vê se faz uma massagem vibratória nos meus pezinhos, por favor.
— Vou fazer. E você, vê se se controla no futebol, por favor!

Ele corou e ficou quieto. Como estava descalço, impus as mãos sobre seus pés e fui girando os dedos, sem tocá-los, numa suave massagem vibratória. Logo a aura em torno dos pés tornou-se mais brilhante e fluida, e o rostinho do filósofo desanuviou.
— Ah! Que maravilha! — ele sorriu. — Você é uma grande massagista! Acho que vou contratá-la!
— Está bem agora?
— Otimamente bem, obrigado. Posso caminhar agora! — E de um salto, ficou de pé e foi caminhando, fagueiro, sobre a areia. Fui logo atrás.

Eu disse:
— Não me importo que demore mais um século até encontrar minha alma gêmea! Sou feliz desde já!

Merlos suspirou:
— Ah, mulheres! Todas iguais!

— Ora, Merlos!
— Venha! Duvido que me alcance! — E o anjoelo pôs-se a correr na areia, feito um pequeno raio. Corri um pouco atrás dele, mas logo desisti. Então, de repente, ele estava do meu lado outra vez, sem que eu tivesse percebido seus passos.
— Merlos! Pare de me assustar!
— Você é boba! Então não sabe que eu sou cheio de truques?
— Já percebi!
Ele começou a fazer exercícios de "polichinelo". Estava mesmo contente. Perguntou, com os olhos brilhantes:
— Tem falado com o Caio?
— Não... já faz algum tempo.
— Pois eu tenho. Ele está superfeliz, trabalhando com os suicidas em Luz do Amor.
— Sim, isso eu sei. E fico tão contente por ele! Não falaram sobre mim?
— O Caio mandou um beijo para você.
— Merlos! Por que não disse logo?
— Mas se você nem perguntou!
Ele continuava com seus "polichinelos".
— Sei notícias de Leivo também.
— Como ele está?
— Parece bem. Está com seus avós na Colônia Deus de Luz. Passa lá uma temporada. Depois deverá voltar ao nosso Sítio Margaridas, para cuidar dos pequenos animais... e estudar!
— E você? Vai me falar agora de seu novo trabalho?
— Não só vou falar, como vou levá-la ao local — e interrompeu os exercícios. Estava corado e bem disposto. Impôs as mãos sobre os próprios pés e plasmou um par de sapatos vermelhos.
— Merlos!
— Sapatos novos! Se teremos de caminhar, preciso de sapatos.
Eu ri.
— Está certo. Para onde é que vamos?
— Hum... para a Sociedade do Jesus Cristinho, é claro.
— Sociedade... do Jesus Cristinho?! Que sociedade é essa?
— A sociedade que eu acabo de fundar. Mel, você vai adorar esse trabalho! Pode ter certeza!
— Bem... então me mostre!

— Certo. Vamos lá! — Ele tomou minha mão e caminhamos uns dois quilômetros. No meio do caminho, perguntei:
— Merlos! Se fica tão longe, por que não volitamos?
— Ora! É logo adiante! E, além do mais, preciso gastar meus sapatos novos!
— Merlos!!!
— Ora, que preguiçosa! Andar é muito bom!
— Ora digo eu! Espíritos não precisam de exercício físico e...
— Mas também não se desgastam em fazê-lo! Que coisa, Mel!
— Está bem. Andemos, então.

Assim, andamos mais um quilômetro. Por fim, chegamos a uma casa lindinha, que mais parecia uma casa de boneca. Era amarela, com janelas vermelhas e telhado também vermelho. Eu tive de me dobrar para passar pela porta.
— Merlos! É a casa dos sete anões?!
— É uma casa para crianças. Aqui trabalham anjoelos, socorristas mirins.
— E onde estão os outros?
— Estão fora. Mas daqui a pouco chegam.
— E o que fazem os anjoelos Jesus-Cristinhos?

Merlos estufou o peito.
— Percorremos as colônias numa pequena ambulância computadorizada, levando socorro a crianças recém-desencarnadas. Elas nunca estão preparadas para enfrentar as colônias logo de cara. Levamos apoio moral, fazemos brincadeiras e jogos, assim elas se sentem em casa.
— Puxa! Mas que boa idéia!
— Sim! E estamos pleiteando "elevadores" junto ao Departamento de Transporte Fluxóido; assim, poderemos fazer também um trabalho individual.
— Elevadores são aquelas espécies de câmaras de vestir, que servem como "carro"?
— Sim, isso mesmo, carros voadores.
— Sim, é uma boa idéia. Afinal, são conduzidos por computador.
— Só colônias muito adiantadas possuem os ascensores, mas creio que os anjoelos merecem e precisam.

Olhei para ele com orgulho.
— Puxa, Merlos! Você sabe das coisas! Será que eu podia acompanhar vocês numa dessas aventuras?

— Nem pensar! As crianças se sentiriam constrangidas. Afinal, já têm de lidar com os outros socorristas adultos, médicos e paramédicos. Creio que já é o suficiente!

Merlos então foi consultar o computador-cabeça da casa. Ficou ali, entretido com os hologramas, e eu me sentei num pequeno sofá. Fiquei pensando como se sentiria a Branca de Neve na casa dos anões. E, então, de repente, sem que eu me desse conta, surgiram nove crianças na sala! Surgiram como tantas vezes Merlos surgia de suas incursões na invisibilidade. Um deles cutucou minhas costas.

— Buuuu!!!
— Aaaaiiiiii!

E todos caíram na gargalhada. Merlos virou-se e pôs-se a rir também. Então eram esses os anjoelos?! Crianças! Mais ou menos da idade do filósofo.

Gritei:
— Mas não existe porta nessa casa, não?

Um deles falou:
— Vimos da rua que Merlos tinha visita, então quisemos... fazer uma bela surpresa!
— Muito bela mesmo!

Outra menina disse:
— Não me diga que quase "morre" de susto!

Uma terceira retrucou:
— Pois se já está morta!

E todos se puseram a rir uma vez mais e, fazendo arruaça, se esparramaram pelas poltronas e pelo chão. Merlos apresentou-me às crianças, uma por uma, dizendo:

— Da esquerda para a direita: Nana, Pcilo, Eudes, Carlinhos, Pintassilgo, Marquinho, Luciana, Martinha e Sílvio.

— Olá! — eu disse, e todos responderam, em coro, levantando o polegar.

— Beleza?
— Essa é a Mel. Já tinha falado dela pra vocês.
— Ela é mesmo bonita! — disse Nana; Pintassilgo e Marquinhos começaram a rir. Ela pôs as mãos na cintura.
— Estão rindo de quê?
— Ela está assustada! disse Pintassilgo. — Aposto que nunca viu tanta criança junta!

— Engano seu — eu disse — no Sítio Spirity, onde moro, costumo dar aulas de botânica para as crianças.
— E elas gostam? — retrucou Eudes, e todos começaram a rir.
— Bom, acho que sim.
— Como alguém pode gostar de... botânica?! — riu ele, provocando mais riso. Merlos olhou para mim, e deu de ombros. Disse:
— Essa turminha é mesmo do barulho! Mas trabalham bastante e bem!
Eu gaguejei:
— Isso é o q-que... importa.
— Você é simpática! — falou Martinha, com um ar risonho. — Gostei de você. Pena que seja adulta, senão ia convidá-la pra ser um anjoelo Jesus-Cristinho!
— Sim... Merlos já me explicou que a atividade é só para crianças. Mas fico feliz em participar... indiretamente.
— Merlos ergueu a voz:
— Eu prestarei relatórios a Alice, e naturalmente Mel saberá do andamento de nossas atividades.
— Ficarei ansiosa por saber!
— Quer saber o que fizemos hoje? — perguntou Sílvio. Parecia bastante animado.
— Sim, quero.
— Pois vou contar. Olhe só, estamos tão contentes porque a criança que atendemos hoje... voltou à vida!
— Voltou à vida?! Quer dizer...
— Sim! Ele, Marcel, entrou em coma, e então veio para o astral.
— E nós encontramos ele! — disse Pcilo, todo contente. — No início, ficamos tristes, porque o desencarne de uma criança sempre é um tantinho triste.
— Mas só no começo! — retrucou Naná. — Logo a criança descobre que viver no astral é o maior barato.
— No astral, ela pode fazer mágicas, sem usar truques! — Confessou Carlinhos, arrancando risadas de todos.
— Como, por exemplo, levitar! — gritou Marquinhos, e ergueu-se do chão, na horizontal, levitando. Todos riram.
— Não é maravilhoso? — disse Merlos. Eu ri também.
— Sim, é maravilhoso. Mas e o garoto... Marcel? Então ele teve uma... projeção provocada?

— É isso — afirmou Sílvio. — Ele estava meio perdido, no Campo dos Girassóis. Mas nós o encontramos.
— No começo, achei que ele tivesse morrido mesmo! — disse Eudes. Pintassilgo retrucou:
— Mas não viu o seu cordão de prata?! Puxa! Como você é distraído!
— E aí? — perguntou Merlos. — Que disseram ao menino?
— Bem, nós o consolamos — respondeu Naná — pois ele chorava muito. Estava assustado!
— Achou que tinha morrido?
— Não, pensou que estava tendo um pesadelo e só queria acordar!
— Afinal, acordou!
— E nós ficamos felizes! — disse Martinha — Porque ele voltou pra perto da mãezinha dele!
Eudes coçou a cabeça.
— Ih! Lá vem a chorona! Vive com saudades da mãezinha!
Os olhos de Martinha ficaram úmidos.
— Você é bobo! Não tem nada de mau em sentir saudade!
— Claro que não — eu disse — isso é natural. Eu também tenho saudade da Terra, o tempo todo!
Eudes deu de ombros.
— Pois eu sou muito feliz aqui! Na Terra não tem a Sociedade do Jesus-Cristinho!
— Isso é verdade.
— Adoro ser um anjoelo socorrista-mirim! Tenho muito orgulho!
Merlos pôs as mãos na cintura.
— Blá-blá-blá! Será que alguém vai fazer o almoço?
— Almoço, Merlos? — eu disse. — Pensei que você não comesse!
— Ora! — ele corou. — Estou pensando nos outros, é claro! Em você, comilona!
Os outros se olharam e riram.
— Puxa, Merlos! — disse Naná. — É só plasmar! Se quiserem, posso fazer isso... como sempre!
— Você tem idéias melhores — disse Pcilo. — Gosto do seu cardápio.
— Está bem, então.
Merlos puxou-me pelo braço.

— Deixe-os ajeitar a sala para o almoço... vamos conversar.
— Onde vamos?
— Ora, ao jardim!
Saímos da casa e fomos passear no lindo jardim de rosas vermelhas. Perguntei a Merlos.
— Há algo que queira me dizer?
— Bem... não sei... sei lá.
— Ora, Merlos! Fale logo!
Ele enfiou as mãos no bolso da calça. Tinha os olhos baixos.
— Eu estou... triste, Mel.
— E posso saber por quê?
— Sou aquele tipo de homem que sente dor, mas não cede.
— Ah! Tipo de "homem"! Sei!
— Bah! Você não me leva a sério!
— Ora, levo sim! Sou toda ouvidos!
— Sabe, Mel... eu tenho um problema. Uma angústia. É sempre assim.
— Pode me falar dessa angústia?
— Bem... vá lá — ele estacou. — Não tenho coragem de crescer e me tornar um adulto. Tenho medo, Mel.
— Medo de quê, filósofo?
— De... de... perder a pureza. Acho que é isso.
— Ora, Merlos! O espírito não perde pureza, só ganha!
Ele recomeçou a caminhar.
— Talvez você tenha razão.
— Mas por que se angustia com isso. E por que acha que deveria se tornar um adulto?
— Não sei. Às vezes, me acho bobo.
— Ah, Merlos! Pare com isso! Sabe quanto é inteligente!
— Você acha?
— Hum... já sei. Está querendo elogios!
— Bem... você não elogiou... suficientemente... o meu projeto!
— Do Jesus Cristinho?
— Sim!
— Ah Merlos! — e tomei-o nos braços, rodopiando com ele. — Então é isso?! Você é muito, muito, muito fofo! — Beijei as suas bochechas. — Parabéns querido! Você é demais! Adorei o seu projeto! Você é o máximo!
E meu último beijo foi dado no ar, porque simplesmente o anjoelo desapareceu: acho que exagerei!

Naná surgiu na porta.
— Venha almoçar, Mel. Onde está Merlos?
— Hum... acho que deu uma desaparecida!
Ela coçou a cabeça.
— Sei.... ele gosta de fazer isso. Entre, Mel, Vamos almoçar! Merlos aparece daqui a pouco... quando a fome apertar!
Olhei para os quatro cantos do jardim e não vi o meu guia transitório. Mas percebi umas rosas que se mexiam. Sim, ele estava ali. Invisível ainda, mas estava ali. Resolvi não incomodar e entrei na casa. De qualquer modo, Merlos não almoçou.

Capítulo XII

O Espírito é Luz

Dias depois, eu estava aflita procurando por Merlos. Ele não estava na colônia e Leivo tinha desaparecido. Fui ao Sítio Margaridas e Grimaldo me avisou que Merlos disse que ia à Terra. Assim, fiquei pensando: aonde ele podia ter ido?!
Mel, Mel! Por que nunca se interessou em desenvolver suas propriedades telepáticas? Agora tinha de pensar, uma vez que não conseguia captar sinais do computador de Merlos. E foi o que fiz, durante o trajeto de aerobus. Ao atravessar o portal, vi ali um espírito que brincava com um cãozinho. Então tive a certeza de onde podia encontrar o anjoelo!
Assim, em poucos minutos, estava em Roma. Caminhei um pouco e afastei-me do centro. Cheguei à cantina do *maître* Carlo. Fiquei à escuta. Batata! Como eu previa, ouvi a voz de Merlos! Atravessei a porta e entrei na grande cozinha: ali estava ele, sentado à mesa, diante de uma taça de sorvete. Estranhei a cena: como ele ia fazer para tomar o sorvete?
O maître Carlo sentava-se à direita de Merlos, alheio ao movimento dos cozinheiros e ajudantes da copa. Discutia com meu guia, sob os olhares de riso dos outros. Claro! Eles não podiam ver nem ouvir Merlos, assim deviam pensar que seu *maître* era maluco. A cena era engraçada. Carlo, inflamado, deu um soco na mesa.
— Mas Sartre era ateu! Não se pode admirá-lo!
Merlos agitou os braços no ar.
— Mas não entende? Deus dá ao homem a liberdade para crer ou não crer! Ele tem o livre-arbítrio. Deus não impõe a fé ao homem!

— Mas isso é um disparate. Deus não impõe a fé?! Mas se é Deus!
— Deus não se mostra como os espíritos se mostram.
— Mas o fato de os espíritos poderem se mostrar não é uma afirmação para a fé?
Merlos pensou.
— Hum... sim. Mas é preciso ter olhos para "ver"!
— Ora! Nem todos podem ver espíritos!
Os cozinheiros entreolharam-se e riram. Merlos concluiu:
— É verdade. Mas essa não é a única forma de descobrir Deus?!
— Não, não é.
— Pois então!
— Pois então, me diga — o *maître* se inflamou mais — como um filósofo tão inteligente pode ser ateu?!
— Bla-blá-blá! — exclamou Merlos, irritado. — O que você sabe do presente do filósofo?
Então Carlo pareceu se acalmar. Como se caísse em si, murmurou:
— Sartre... ele vive! Não é?
Merlos balançou a cabeça.
— Se é um espírito... como todos!
— Que incrível! A morte não existe!
— Brilhante conclusão! Se existisse, como você podia estar conversando comigo?
— Isso quer dizer que...
— ... A filosofia só pode ignorar a Divindade até a morte. A morte é um marco divisor de águas da filosofia. A partir daí, a fé é o seu mote.
O rosto de Carlo se iluminou.
— Mas isso... é maravilhoso! Oh Merlos! Não sabe o peso que me tira dos ombros!
— Blá-blá-blá! Parece criança! O que esperava? — e então pôs-se a "inalar" a aura de seu sorvete. Na taça, o mesmo continuava intacto, mas Merlos se alimentava etericamente dele. Mal terminou, me viu, corando imediatamente. Tentou sorrir, mas gaguejou:
— M-Mel? O que f-faz aqui?!
— Estou à sua procura!
— V-você quer sorvete?
— Não, obrigada. E não precisa ficar vexado só porque peguei-o diante de uma taça de sorvete da Terra!

— Não estou vexado! — ele estufou o peito. — Estou aqui ensinando um pouco sobre filósofos para Carlo. Você conhece Carlo.
— Sim. Oi, Carlo!
— Como vai, Mel? Eu não ia esquecer de uma alma... tão bonita! Agora eu corei. Merlos riu.
— Não fique vexada, Mel! Diga lá, o que quer de mim?
— Merlos... é sobre Leivo! Ele fugiu!
— Puxa! E essa agora?
— O que você acha?
— Eu tive a intuição de que Leivo não estava bem, embora parecesse se divertir no Sítio Margaridas!
— E o que vai fazer?
— Hum... acho que sei onde ele está. Consultou a tela virtual de seu computador de pulso; vimos um holograma com o rosto de Leivo, que chorava.
Carlo levou um susto.
— Puxa! Já tinha ouvido falar de sua tecnologia! Mas isso! Merlos olhou para ele.
— Ora! Pode ver hologramas espirituais também, Carlo?! Essa sua mediunidade está é muito aguçada.
Carlo levantou-se, estufando o peito. Retirou a taça de Merlos. Resmungava consigo mesmo, em meio aos risos dos ajudantes de cozinha. Um deles disse:
— O *maître* gosta mesmo de falar sozinho!
— Imagina que conversa com espíritos!
— Mas não parece louco! Não é estranho?
— Que coisa!
Merlos puxou-me pelo braço:
— Vamos nos encontrar com Leivo!
— Aonde vão? — perguntou Carlo. — Não vão querer mais sorvete? Tenho calda de caramelo!
Um ajudante de cozinha cutucou o outro.
— Ele oferece sorvete aos "espíritos"!
— Depois joga tudo fora, como se tivessem comido!
— Meu Deus! Que esquisitice!
Merlos acenou para Carlo:
— Outro dia, Carlo. Vamos acabar nossa conversa, mas não hoje!
Fomos saindo quando Carlo gritou:

— Lembre-se, Merlos, sou católico e não admito ateísmo!
Na porta, Merlos gritou para ele:
— É católico e conversa com espíritos?! É maluco, então?
— O quê?
Merlos começou a rir, e, por fim, deixamos a cantina. No pátio, o cãozinho Platão fazia sua refeição. Merlos se abaixou e beijou-o.
— Não é lindo? Vê como engordou?
— E os outros cães? Como estão?
— Estão bem! Carlo cumpre sua promessa!
— Você tem bons amigos, Merlos!
— Sim, procuro ser um bom amigo também.
— Você é um bom amigo.
Ele baixou os olhos. Depois começou a andar muito rápido. Agitava os braços.
— Blá-blá-blá! Vamos logo ver esse garoto Leivo! O fujão!
— Ei! Espere-me!
Corri atrás dele. Volitamos um pouco e chegamos a Curitiba, no Brasil. Logo estávamos num campinho de futebol. Vi algumas crianças que corriam atrás de uma bola. Uma delas era... um espírito! Leivo!
Merlos disse:
— Ei-lo!
— Mas que menino! Que faz aqui? Se não pode brincar com a bola!?
— Não. Mas fica correndo de um lado para outro. Brinca com o irmão.
Vi um menino que, parado no meio do campo, olhava para Leivo.
— Aquele?
— Sim. É Nando. Seu irmão mais novo.
— Ele pode... vê-lo?
— Sim, é médium vidente, por isso Leivo vem. Brincam juntos.
Logo os dois irmãos deixaram o campo e foram sentar num banco.
Exclamei:
— Como não imaginei que Leivo viria à Terra? Era claro!
— Claro como água! Venha. Vamos atrás deles!
Chegamos perto. Leivo não nos viu. Assim, ficamos observando. Faziam uma espécie de jogo de palavras.

O Espírito é Luz

Leivo cantava:
— Guadamim, guadamorão, eis aqui a minha mão!
Os dois bateram ritmicamente as mãos nas pernas. Nando continuou:
— Guadamim, guadamorão, você bate no meu coração!
Os dois bateram palmas e, juntos, cantavam:
— Pim-pão! Pim-pão!
E Leivo:
— Guadamim, guadamorão, eis que chega o ogro Simão!
— Guadamim, guadamorão: acaso é aquele com nós nas mãos?
E ambos olharam na nossa direção. Bateram palmas, cantando e rindo:
— Pim-pão! Pim-pão!
Merlos bufou, mas não disse nada. Os irmãos puseram-se a rir, sacudindo os braços.
Leivo gritou:
— Não lhe contei do Merlos? Olhe ele aí! E trouxe junto a Mel!
Nando gritou:
— Mel! Merlos! Venham brincar de zape-gaspe conosco!
Merlos estava duro feito pedra. Já entendi que não gostou nada de ser apanhado, sem desconfiar.
Sussurrei no seu ouvido:
— Vamos, Merlos!
Ele inflou as bochechas e ficou vermelho. Então apertou os olhos e... desapareceu!
Ouvi sua voz ao longe:
— Mel... não ouse me desapontar! Espero você no bosque!
E não ouvi mais nada. O menino Leivo acenava para mim.
— Mel! Venha até aqui!
Hesitante, aproximei-me. Beijei Leivo.
— Leivo! Como pôde fugir assim? O que deu em você?
— Nada, ué! Vim brincar com o Nando! Só isso! Ia voltar à noite!
— Hum... ia mesmo?
Ele coçou a cabeça.
— Bem... acho que vou ficar até amanhã.
Nando riu.
— Deixa, tia! Eu cuido dele!
— T-tia?!

Leivo riu.
— Tia Mel é legal! Ela deixa, sim!
Olhei para os lados à procura de Merlos. Mas nem sombra do filósofo. Assim, disse para os dois:
— Olhem, não saiam daqui! Vou procurar Merlos.
Leivo riu:
— O Merlos fujão!
— Onde ele está, tia?
— Er... no bosque. Vou buscá-lo. Esperem bem aqui!
— Está certo! — disse Leivo, e eu saí dali, volitando até encontrar um bosque, mais ou menos perto dali. No meio de uma clareira, encontrei o fujão. Estava sentando, com as mãos na cabeça, pensativo.
Aproximei-me dele.
— Merlos! Isso é hora de sumir?!
— Não sumi. Resolvi dar uma volta... e espairecer.
— Sei. Mas acho que devemos voltar e ajudar Leivo. Antes que ele fuja outra vez!
— Não vai fugir — ele suspirou. — Já está onde queria estar.
— Mas temos de levá-lo de volta ao astral.
— Sim, vamos levá-lo.
— Mas ele não parece muito disposto a partir.
— Está matando a saudade do irmão. Eram muito ligados.
— Sim, percebi isso.
Ele suspirou.
— Mas é melhor voltarmos. Leivo é trapalhão e pode se meter numa enrascada. Vamos?
Ele levantou de um salto. Pusemo-nos a volitar e tornamos ao campinho. Encontramos Leivo adormecido, num banco, ao lado de Nando.
Merlos pôs as mãos na cintura.
— Mas que tratante! Vem para a Terra e causa toda essa confusão para... dormir?!
Nando disse:
— E Leivo me disse que nunca dormia!
Eu sorri comigo mesma. Decerto Leivo quis imitar Merlos, que gostava de dizer a mesma coisa. O anjoelo aproximou-se de Nando.
— Olhe, não leve a mal, mas um garoto de sua idade não devia ficar aí... conversando com espíritos! Você devia brincar. Por que não vai jogar bola?

— Mas... e Leivo?
— Deixe que eu cuido dele. Terá de voltar ao astral.
— Ele disse para eu visitá-lo durante os sonhos. Pois eu vou!
— Está bem. É melhor assim, não acha?
Nando riu.
— Se você ficar com ele, então eu vou jogar bola. Meu time está perdendo!
— Certo. Vá salvar o time, vá!
E Nando saiu correndo para o campinho de futebol. Merlos coçou a cabeça.
— E essa agora? É melhor acordar o Leivo ou esse sono vai longe!
— Não vá assustá-lo. Pobrezinho!
Merlos sentou-se no banco e começou a cantar uma cantiga de ninar que dizia:
— Meu menino
Pequenino
Acorde ao bater
Do sino!
Blém-blóm
Blém-blóm!
Acorde, acorde
Meu menino!
E então Leivo abriu os olhos. Fitou-nos com ar de surpresa, assustado.
— Então estão aqui mesmo? Não foi um sonho!
Merlos riu.
— Ora! Espíritos não sonham!
— Vocês... vieram me buscar?
— Hum... — começou Merlos. — Viemos ver se precisa de ajuda para voltar ao astral.
Leivo esfregou os olhos e sentou-se.
— Mas ainda é cedo! Ainda quero brincar um pouco.
Merlos cruzou os braços.
— Olha... acho que não está certo.
— Você quer dizer... brincar?
— Ora, Leivo! Pode brincar no astral! No Sítio Margaridas, estuda e brinca! Parece que brincou bastante também na casa de sua avó.

— É verdade. Passei uns dias com a vovó Clara. Ela é muito legal! Mora numa colônia distante.
— Não gostou de lá?
— Gostei. É muito legal.
Aproximei-me e perguntei a Leivo:
— Não gosta do Sítio Margaridas?
— Gosto! Gosto, sim!
Merlos disse:
— Não acha então que está na hora de voltar? Já importunou bastante o seu irmão!
— Os olhos de Leivo ficaram úmidos. Ele se pôs de pé.
— Você é chato e bobo! Não estou importunando meu irmão! Ele gosta de mim!
Leivo pôs-se a correr. Foi para o campinho e parou na frente de Nando, agitando as mãos. Nando saiu do campo com ele. Conversaram e, de repente, Nando levou as mãos à cabeça, rodopiou e caiu.
Merlos e eu corremos até ele. Eu disse:
— Olhe só! Ele sentiu-se mal!
Outros meninos vieram acudir Nando. Um deles gritou:
— Olhem! O Nando caiu!
— Você ficou tonto? — disse outro. Um terceiro afastou os dois.
— Vocês são gritões. Deixem ele em paz! — Olhou para Nando com ar de "médico". — Acho que ele não almoçou hoje. Sua pressão deve ter caído — balançou a cabeça. — Isso já aconteceu com a minha mãe! Pode crer! Eu entendo desse assunto! Nando! Você está bem?
Nando abriu os olhos, lentamente, e sentou-se.
— Fiquei tonto. Mas está tudo bem.
Merlos puxou Leivo pelo braço. Saímos de perto dos garotos encarnados. Merlos apontou o dedo para Leivo:
— Você viu o que fez?
— Mas eu não fiz nada!
— Você puxa a mediunidade dele! Não está preparado para isso. Por isso passou mal!
— Puxa! — Leivo começou a chorar. — Mas eu não queria...
— Está certo — eu o abracei. — Venha. Vamos nos sentar mais adiante.
Afastamo-nos e nos sentamos junto a uns arbustos.
Leivo soluçava.

— Todo mundo briga comigo! Eu não fiz por mal! Abracei Leivo.
— Tudo bem, Leivo. Acabe com esse choro. Está tudo bem.
Merlos andava de um lado a outro. De repente estacou e pôs as mãos na cintura. Aproximou-se de nós.
— Você precisa entender, Leivo, que tem certas coisas que um espírito não deve fazer! Nando é só uma criança!
Leivo chorou mais forte.
— Pois eu quero ficar com ele! Vou ficar!
Merlos ficou mais bravo.
— Você é caranguejo pra andar pra trás?!
— Andar pra trás?! Que quer dizer?
Merlos fez seu ar enigmático.
— Se atravessou a morte e se tornou um espírito, então subiu alguns degraus na escada da vida. Se fica voltando à Terra, para importunar seu irmão, então está andando para trás. Feito caranguejo!
— Você acha?
— Eu acho. E isso me entristece. Fico achando que você tem cabeça-de-vento!
Leivo engoliu o choro, secou as lágrimas.
— Não sou cabeça-de-vento! Sou o Príncipe dos Vales!
— Ah! — Merlos fez um ar de dúvida. — Príncipe dos Vales, é? Que tipo de príncipe é esse de que nunca ouvi falar?
Leivo ficou de pé. Estufou o peito e pôs as mãos na cintura.
— Sou o Príncipe dos Vales! Os vales do astral estão sob meu comando! Nunca me viu sobrevoando os *canions*?
Eu pisquei para Merlos.
— É verdade! Vi uma vez... um príncipe muito luminoso, como um anjo! Sua luz quase me cegava! Ele sobrevoava os vales de "Solar do Sonho". Não me diga que era você?!
— Euzinho! — o menino sorriu, os olhos brilharam. O que tem a me dizer?
— Bem... — continuei eu — só tenho a dizer que os vales não podem ficar sem seu comando. Mas se ficar vindo à Terra o tempo todo....
— Abandona os vales ao Deus-dará! — continuou Merlos. Eu concluí:
— Que lástima!
Leivo movimentou-se, deu uns passos e parou. Voltou-se para nós.

— Acho que têm razão. Acho que devo voltar a Solar do Sonho! E assim tomamos, os três, o aerobus rumo à nossa linda colônia espiritual. Deixamos Leivo no Sítio Margaridas, aos cuidados de Grimaldo. Sua avó Clara estava lá também, para recebê-lo. Ele ficou contente, contando a todos que voltara para sua missão nos Vales do Sonho.

Merlos e eu nos afastamos. Volitamos um pouco e paramos na linda Praia do Sonho. Merlos parecia feliz por mais uma missão cumprida. Disse:

— É sempre bom voltar para casa.

— Leivo sonha, pois é criança.

Ele suspirou.

— Mas isso não durará para sempre.

— Merlos... você e Carlo discutiam sobre a fé. Sobre a livre-escolha de crer ou não.

— É verdade. Isso se chama Livre-Arbítrio. Deus não se impõe aos espíritos encarnados.

— Por isso o filósofo podia ser ateu?

— Ele crescerá com a fé, pois ela é libertadora! Deve caminhar para Deus, mas é livre para decidir quando ir.

— O espírito poderia atravessar a eternidade negando Deus?

Ele deu os ombros.

— Teoricamente, sim, é claro. Mas com as encarnações e as provações, o espírito se adianta. Cedo ou tarde, ele descobre Deus. Pelo amor ou pela dor. Não há como conter a evolução, assim não há como fugir *ad eternum* da fé, minha querida. — Não, Deus não abandonou o homem, não poderia deixá-lo viver no vazio e no egoísmo para sempre. Todo espírito, um dia, alcançará a Felicidade Eterna, e ela não existe sem a presença de Deus.

— Não seríamos mais felizes se não pudéssemos duvidar?

Ele olhou para mim.

— Mas então que valor teria a fé? A fé é a certeza íntima do espírito de que Deus está em todas as coisas, se ele não pudesse duvidar, também não poderia ter a fé. Não haveria mérito então na sua cabeça.

— Deus, se quissesse, podia fazer tantos milagres que não haveria dúvidas!

— Sim. E ele faz milagres todo o tempo, Mel. A fé abre os "olhos de ver".

Eu sorri.
— Você é inteligente, anjoelo.
Ele estufou o peito.
— Sou um espírito. Vejo a luz, porque, como espírito, sou pura luz!
Eu bati palmas.
— Mas é claro! Como não pensei nisso antes? Toda a luz está contida nos espíritos! Está dentro de mim!
Olhei para o mar e ele estava incrivelmente iluminado.

Capítulo XIII

A Felicidade é Quentinha

Cheguei a Netuno numa bela manhã de Sol, esplendorosa. Volitei até a linda Praia das Paixões, na costa espiritual do planeta, onde tinha marcado com Merlos.
Aspirei o ar puro, senti serenar. O lindo mar róseo me impressionava! Era imenso e calmo, parecido com um céu.
Encontrei Merlos sentado na areia amarela. Tinha um ar pensativo e vestia-se de branco. Ele me viu e acenou, abrindo um sorriso. Senti que estava feliz. Aproximei-me.
— Merlos! Que lugar lindo! — abri os braços, sentindo a brisa suave. — Não quero mais sair daqui!
— Sente-se, Mel. Agora vai acontecer o fenômeno do Sol Mistral. Faltam poucos minutos.
— O quê? — perguntei. Uma brisa forte, que batia em ondas no meu rosto, começou de repente. Era diferente do vento, era uma vibração do ar. Merlos gritou:
— Sol Mistral! Olhe! — e apontou para o mar. As águas calmas encaparam-se, em tons de vermelho e dourado. Prendi a respiração. As mesmas cores, misturadas a um verde brilhante, dançavam no céu. O Sol tinha uma aura azulada, e emitia raios que explodiam com ruídos elétricos, mas muito menos assustadores do que os trovões da Terra. Era um espetáculo maravilhoso, um pouco parecido com a Aurora Boreal de nosso planeta. Durou uns vinte segundos e então tudo se acalmou.
Voltei a respirar e exclamei:
— Nossa! Que coisa impressionante!
— Pensei que você não ia chegar a tempo para ver. Outro Sol Mistral só daqui a um ano!

— O que é Sol Mistral?
— É um fenômeno da esfera espiritual de Netuno, que ocorre pela posição do Sol em relação aos meridiano. Ele atua sobre o mar e a atmosfera como a força de uma Lua que se aproximasse. Não é mesmo fantástico?
— Sim, adorei! Voltarei no próximo ano. É maravilhoso.
— Mas não foi por isso que chamei você.
— Pois então... diga.
Ele suspirou.
— Queria compartilhar com você esse momento... porque estou bem feliz!
— E a que se deve essa felicidade?
— Acho que... estou mais sábio.
— Aconteceu algo pra que ganhasse sabedoria?
— Sim. Leivo me trouxe mais sabedoria.
— Hum... aposto que sei: depois da fuga dele, você se pôs a pensar. Acertei?
— Sim. E pensei muito. Sobre muitos assuntos.
— E chegou a alguma conclusão?
Ele sorriu.
— Acho que perdi um pouco da minha mania de perfeição. Agora compreendo porque planetas materiais não podem ser perfeitos.
— Puxa, Merlos! E qual a resposta?
— Espíritos não são perfeitos, sobretudo encarnados. Espíritos não nascem sábios, nem bons, eles evoluem.
— Sim, é verdade.
— Na Terra as pessoas sofrem, Mel. Eu nunca me conformei com isso. Mas vejo agora que, sem o sofrimento, o espírito não aprenderia.
— Mas isso você já sabia, Merlos!
— Sim, mas não compreendia com o coração!
Meus olhos ficaram úmidos.
— Acho que está evoluindo, filósofo!
Ele me olhou, um tanto temeroso.
— Acha que está na hora de recuperar... memórias... e me tornar um adulto?!
Eu o abracei.
— Não, Merlos. Ainda não é hora. Mas essa hora chegará.
Ele engoliu uma lágrima.

— Quero que esse dia demore, Mel.
— Oh, Merlos! — e sapequei um beijo nas suas bochechas.
Ele ficou sem graça e se levantou, de um salto. Timidamente, disse:
— Vamos caminhar um pouco?
— Está bem. Vamos, sim! — e levantei-me, acompanhando o anjoelo. Ele ia saltitando e cantarolando, agora completamente à vontade. Parecia mesmo muito contente.
— Lá-lá-lá-lá-lá... Mel! Sabe que me sinto totalmente feliz... mesmo sabendo que na Terra muitos ainda sofrem?
— Aposto que sei por quê! — e comecei a saltitar também.
— Sabe, sim... lá-lá-lá-lá... porque da dor, os encarnados caminham para a evolução espiritual e se aproximam de Deus! Eles serão felizes como nós! O sofrimento, Mel, fortalece a fé dos encarnados!
— Tem razão, Merlos.
E então ele estacou, juntando as mãos numa prece. Estaquei também. Merlos fechou os olhos e pôs-se a orar baixinho. Depois fez o sinal da cruz e sorriu, olhando para o céu. Abriu os braços e gritou:
— Obrigado, meu Deus, pela fé!
— Amém! — e fiz o sinal da cruz.
Ele suspirou profundamente e recomeçou a caminhar. Parecia muito sereno agora.
De repente, disse:
— Hoje vamos filosofar sobre a Felicidade! Você ainda quer?
— Merlos! Não me diga que...
— Sim. Foi pra isso que eu a chamei.
— Você não esqueceu!
— Não. Adoro meditar sobre a felicidade. Hoje faremos isso juntos!
— Pois então... comecemos!
— Hum... vou lhe dizer algo e você tentará decifrar.
— Ah, Merlos! Charadas?!
Ele parou e pôs as mãos na cintura.
— Você acha que eu lhe proporia "charadas"?! Por quem me toma? Talvez eu lhe propusesse.... um enigma! Mas não. Não é isso. Acho que me expressei mal. Não quero que decifre nada. Mas que pense e explique o que vou dizer.
— Então... diga!
— Pois bem. Ouça só: a felicidade é quentinha!

Fiquei no ar. A Felicidade... quentinha?! Ora! Jamais pensei numa temperatura para a felicidade! Então não era uma charada?! Mas Merlos sabia mesmo me confundir!

Observei meio hesitante:

— Merlos... chama isso de... filosofar?

— Pois estou filosofando! — Ele recomeçou sua caminhada, seguido por mim. — Afirmo que a felicidade é quentinha! Essa é uma... tese. Devo demonstrar?

— Acho que sim!

— Então responda rápido: por que Leivo não estava feliz?

— Você diz... pelo fato de ter fugido da colônia?

— Sim... ele fugiu e foi para a Terra. O que lhe faltou no astral?

— Sinceramente... não sei.

— Ora, Mel! — ele bateu os pés. — Não pode ser tão... distraída!

— Acho que tinha saudades de seu irmão, e então...

— Saudade, saudade! Blá-blá-blá! Você acreditou na "saudade"?!

— N-não!?

— Mel! Se fosse só saudade, ele não precisava fugir! Era só falar com Grimaldo! Podia visitar a família, como fez outras vezes!

— Sim, é verdade. Por que então ele fugiu? O que lhe faltou no astral?

— Mas essa foi a pergunta que lhe fiz! — Ele bateu os pés com mais veemência; eu me assustei. Filosofar põe os nervos à flor da pele! Bati os pés também.

— Pois não sei, não sei, não sei a resposta!

Ele pareceu cair em si. Corou, pigarreou e tentou sorrir. Continuamos caminhando, muito devagar. Merlos tornou-se muito mais delicado.

— Vamos filosofar devagarinho. Está bem para você?

— Não precisa me tratar feito criança!

— Mas não estou tratando! — ele coçou o queixo. — Desculpe, não sei como tratar você.

— Tudo bem, Merlos. Vamos lá. Vamos recomeçar de onde paramos. Por que Leivo fugiu? O que lhe faltava no astral?

— Aí é que está. Ele não estava feliz! E devia estar, não devia? Acaso não sabia da eternidade da vida?

— Sim, claro que sabia.

— Mas não se sentia feliz no astral. Por incrível que pareça, era feliz na Terra, mesmo com todo o peso da matéria. E por quê?
— Sim: por quê?
Ele estacou. Olhou com amor para o lindo oceano.
— É mesmo estranho, não? Leivo dominava já tantas coisas, como ficar invisível! Eu mesmo ensinei! Como levitar! Estudava e brincava. Aprendia tudo em poucas horas. Afinal, o que lhe faltava?!
— Você já disse: a felicidade!
— Ô, Mel! A pergunta é: por que não sentia-se feliz?
Eu pensei um pouco. De repente a resposta veio, como um clarão. Clara como a água.
— Mas claro! Porque a felicidade é quentinha!
Merlos me olhou de soslaio. Continuou fitando, impassível, o mar. Disse:
— Acho, Mel, que leu meu pensamento. Acho que está ficando boa nisso!
— Então... acertei!?
— Parece que sim!
— Bem, então agora me explique, doutor, o que quer dizer com essa tese de que "A felicidade é quentinha"?
Ele pigarreou.
— Não percebeu que Leivo foi à Terra buscar o... calor de seu irmão Nando? Do mesmo modo que ia à casa de seus pais, para dormir na própria cama?!
— Ele fez isso?!
— Sim, fez. O que lhe parece?
— Bem... me parece que ele não encontrava esse calor no astral!
— Aí é que está. Não encontrava. Ainda não encontra. Vai encontrar um dia porque o astral será sua própria casa.
— Sim. Faz sentido. Na nossa casa, ficamos completamente à vontade. Protegidos. A casa é o alicerce, o casulo, o ...
— ... Ventre materno. Sim!
Estalei os dedos.
— É isso! O ventre materno! A mãe, a família. Por isso, Leivo queria estar com a família, o tempo todo! O calor! O calor de Leivo vinha de sua família na Terra!
— Certo!
— Bem, até aí tudo bem. Ele procura o amor. Encontra o amor no seio da família... Merlos fitou-me, desapontado.

— Não, Mel. Você desviou-se da rota. A felicidade é quentinha, não o amor! O amor é etéreo, é abstrato, Mel! O amor, ele o tinha no astral. Espíritos são puro amor!
— Mas... então...?
Merlos fitou o céu.
— Para sermos felizes, não basta saber o segredo das estrelas, ou viajar pelos mundos, ou conhecer a eternidade. Foi isso, Mel, que Leivo me ensinou.
— Quer dizer...
— Que para sermos felizes dependemos do calor!
— Quer dizer... sentir-se aconchegado?
Ele bateu palmas.
— Claro, Mel! É isso! Aconchego!
— Sim, compreendo agora. Sinto-me aconhegada no astral, por isso sou feliz. Sinto o calor de todos que me cercam. Gosto do meu sítio, do meu trabalho.
— Da mesma forma eu sou feliz. Visito minha família, não para encontrar aconchego, mas para levar amor, e partilhar com eles a minha felicidade!
— Sim! Nós, espíritos, queremos proteger, de algum modo, os que deixamos na Terra.
— É verdade.
— Acho, Merlos, que Leivo desencarnou há muito pouco tempo. E talvez sinta-se ainda deslocado no astral. Talvez não confie tanto nas pessoas.
— Não encontrou seu porto seguro.
Suspirei.
— Bem... agora que sabemos... o que faremos?
— Vamos ajudá-lo, é claro, terei de conversar com Alice. Creio que, para Leivo, lembrar do passado será bom. Talvez ele tenha de...
— ... Se tornar um adulto?
— Pode ser.
Suspirei! Outra vez.
— Não se sinta culpado, anjoelo. Você tem sido bom para Leivo.
— Quero ver Leivo feliz. Vou fazê-lo feliz!
— Eu vou ajudar você, amigo.
Bateu palmas.
— Que tal se déssemos uma festa para ele?
— Acha que é uma boa idéia?

— Sim, acho. Você me ajudaria?
— Mas claro, Merlos! Leivo podia fazer novos amigos! Batemos as mãos.
— Combinado, então. Sabe, Mel? Tive outra idéia. Vou tratar Leivo não como um guia, mas como seu irmão.
— Talvez ele precise de um trabalho, como...
— Pois já sei! Como uma espécie de mascote dos anjoelos Jesus-Cristinhos! Que tal acha?
— Você é genial, Merlos!
Merlos sorriu e me abraçou.
— Mel, estou mais feliz do que antes!
— Eu também. É bom filosofar. E também muito útil.
— Sim. Podemos constatar, Mel, que, se o mistério está nas estrelas, a resposta está no amor, sempre!
E assim caminhamos durante mais uma hora pela Praia das Paixões, do lindo Netuno, em silêncio.

Capítulo XIV

As Muitas Vidas

Eu estava no Campo dos Girassóis com Naná. Ela parecia muito contente. Perguntei o porquê.
— Porque hoje fizemos um belo trabalho, comandado por Merlos.
— E posso saber o que foi?
— Claro! Pode, sim! Foi com uma criança. Ela só vivia no astral, pelos sonhos, atrás da mãe que desencarnara. O problema é que dormia o dia todo para sonhar e vir ao astral. Dormia até na sala de aula. Imagina!
— Como era o nome dela?
— É ele. Rodrigo. Um lindo garotinho.
— O que Merlos fez?
— Merlos comandou o nosso trabalho. Todos nos unimos para conversar com Rodrigo, quando ele vinha para o astral. Além disso, Eudes contatou uma tia do garoto, que é médium, e ela se dispôs a cuidar dele então.
— E agora? Como ele está?
— Desde então, está bem. Estuda e brinca. Dorme só à noite. Vem para o astral, mas nem sempre fica com a mãe, afinal ela também precisa trabalhar e evoluir.
— Compreendo. Fico feliz pelo garoto.
— Merlos está todo orgulhoso!
Nisso, eis que ele aparece entre os girassóis. Estava de fato orgulhoso, peito estufado. Seus olhos brilhavam e tinha um sorriso largo nos lábios. Acenou para nós.
— Mel! Naná! Que bom vê-las.

Aproximou-se. Trazia um girassol entre os dedos.
Olhei para ele.
— Esse é... Midi?
— Midi?! — se espantou Naná. — Quem é Midi?
Merlos encabulou-se. Amassou e jogou a flor.
— Ah! Deixa pra lá!
— Você "ressucitou", Midi?
— Ora, Mel! Aquilo tudo era bobagem! Afinal, você tinha razão. Era só uma flor! Flores não têm espírito!
Naná olhava para nós, meio surpresa.
— Estão falando de... um girassol?!
Merlos riu.
— Naná! Midi era meu girassol de estimação. Não é mais.
Eu dei de ombros.
— Não tenho nada contra seu amor pelas flores.
— Sei que não, Mel. Adoro as flores e todas as plantas. Gosto de cuidar delas porque abastecem os planetas de vida.
— Está certo.
— Mas gosto muito mais das crianças, claro!
E o anjoelo voltou a estufar o peito. Achei que queria elogio. Disse-lhe:
— Parabéns, Merlos! Naná me contou sobre o garoto Rodrigo.
Ele ficou coradinho.
— Pois é... Ora, aquilo não foi nada. Uma coisinha à toa.
Eu e Naná nos entreolhamos. Eu disse:
— Está certo, Merlos. Sei que não esperava receber elogios.
Ele corou mais e... puf! Desapareceu.
Olhei para Nana.
— E essa agora?
— Acha que ficou envergonhado?
— Pode ser. Ele é muito... — pisquei para ela — ... modesto!
Naná suspirou.
— Bem, Mel, preciso ir. Ainda tenho muito trabalho por hoje com os anjoelos.
— Aonde irão hoje?
— A dois hospitais. Há crianças por lá precisando de nossa ajuda.
— Então está bem. Bom trabalho, Naná.

Ela beijou minhas faces e se foi, volitando. Caminhei mais um pouco entre os girassóis. Cheguei a uma clareira. Quem avisto por lá? Não, não foi Merlos, mas meu amigo Caio! De pé, de braços abertos, meditava, olhando para o Sol.
Não querendo atrapalhar sua concentração, fiquei só observando. Resolvi meditar um pouco também. Quinze minutos depois, uma mão pousou no meu ombro. Abri os olhos.
— Caio! Sabia que estava aí! Não quis atrapalhar!
Ele me abraçou!
— Mel! Minha querida! Já estava com saudade!
— Soube de seu trabalho, como está evoluindo! Fiquei contente!
— É um trabalho difícil. Suicidas estão sempre perturbados. Mas é gratificante ajudar.
— Eu sei. Imagino.
Ele sorriu.
— Nas minhas poucas horas de folga, venho aqui, ou vou à Praia do Sonho. Gosto de meditar e me elevar. Isso traz muita paz.
— Gosto de meditar também.
— Que tal se meditássemos mais um pouco? Aprendi novos exercícios. Podia ensinar a você.
— Eu quero, sim! Quero muito!
— Então, venha. Vamos nos sentar e relaxar.
Assim fizemos. Fechamos os olhos. Eu só sentia a suave brisa e só ouvia a voz doce de Caio.
— Agora. Respire profundamente. Sinta todo o seu corpo relaxar. E se concentre.
Fiz como ele mandou. Concentrei-me no ritmo de meu coração. Era uma sensação suave. De repente, minha mente estava limpa de quaisquer pensamentos.
Ouvi a voz de Caio:
— Agora procure sentir o mundo como se fosse pela primeira vez. Se já está bem concentrada, pode abrir os olhos.
Eu abri, olhando em volta como se, de fato, visse tudo só agora. Os girassóis amarelos e vermelhos, o céu azul, límpido, com estrias cor de laranja. A brisa suave e quente que soprava, agitando as flores. Tudo isso me encantou, me emocionou.
Eu disse a Caio:
— É incrível! É como se essas imagens penetrassem os meus olhos e minha mente com uma força... estranha, maravilhosa!

— Essa é a sensação da criança quando descobre o mundo.
— Sim. Mas como atingir tal estado de consciência em tão pouco tempo?
— Você é um espírito, Mel. Você traz a nota essencial da pureza dentro de si. Não precisa mais do que um minuto para penetrar nas forças da natureza, cósmicas, ou... de outros espíritos.
— Sim, é verdade.
Ele estendeu as mãos para mim. Disse:
— Venha. Segure minhas mãos e olhe nos meus olhos.
Assim o fiz. Fitei-o. Senti uma doce paz naquele olhar.
Caio sorriu.
— Mel... diga. No que penso agora?
Eu me concentrei mais.
— Você pensa... em mim. Quer saber se sou feliz.
— Você é, Mel?
Olhei mais profundamente para ele. Ele não mexeu a boca, mas "ouvi" as suas palavras.
Dizia:
— Quero que seja feliz, Mel. Quero estar sempre com você!
Balbuciei:
— C-claro, eu...
Ouvi mais uma vez sua voz mental.
— Não fale, Mel. Comunique-se assim, pelo pensamento.
— Caio — eu disse mentalmente — pode me ouvir também?
— Perfeitamente, minha querida.
— Caio, eu...
Sempre olhando nos meus olhos e apenas tocando minhas mãos, eu senti a proximidade dele, de uma forma física. Sem que ele se aproximasse de fato de mim, eu senti o seu beijo... bem nos meus lábios!
Desconcertada, soltei as mãos dele e voltei ao normal de minha consciência. Disse, em alto e bom som:
— C-caio! Como fez isso?! Por que fez?!
— Mel! Não compreendeu ainda?
— Compreender? O quê?
— Mel! — ele acariciou minhas faces — o amor que procuramos... você e eu...
Assustada, eu o empurrei. Devia estar corada, pois senti meu rosto quente. Os olhos de Caio ficaram úmidos.

— Mel... não quis magoá-la! Perdoe-me! Mil vezes perdão!
— Eu... eu não sei o que dizer. Eu nunca pensei...
Saí correndo dali. Volitei outro tanto e fui dar na linda Praia do Sonho. Sentei-me numa pedra e chorei. Afinal, o que estava havendo comigo? Não podia compreender. Gostava de Caio, é certo, mas não imaginava...
Levantei-me e pus-me a caminhar por algumas horas. Enfim, cansada, deitei-me na areia macia e dormi. Quando acordei, uma hora depois, fui assaltada por uma... lembrança! Sim, uma lembrança de minha vida passada. Eu era uma linda moça e morava num país nórdico distante. Usava um vestido longo, azul, e passeava por um bosque. Estava triste. Sim, lembrava agora. Meu esposo havia saído para uma batalha junto com os outros guerreiros. Seu navio, com os homens, atracara, mas ele não estava ali! Ninguém sabia dele! Eu estava certa de que morrera na batalha! Meu coração estava sangrando; eu o amava muito.
Nós tínhamos um filho, ele chegou correndo. Disse:
— Mãe! Mãezinha!
— O que é, Mitri?
Ele me abraçou. Era um menino lindo, loiro. Tinha incríveis olhos azuis. Fitou-me nos olhos e eu o reconheci: era... Merlos! Merlos era meu filho! Eu me ajoelhei e o abracei!
— Diga, Mitri, o que houve?
— Mãe! O papai chegou! Está na praia!
— Na praia, Mitri? O papai?!
Ri e chorei de alegria. Dei a mão a Mitri e corremos até a praia. De fato, meu esposo Lidzi estava na areia, deitado, molhado, com as vestes rasgadas.
Aproximei-me dele e abracei-o, emocionada.
— Lidzi! Meu querido! Pensei que...
Ele selou minha boca com um beijo.
— Não diga isso, Anne! Estou aqui, estou bem vivo!
— Lidzi! — e eu o beijei uma vez mais e reconheci em seu rosto... Caio! Caio foi o meu esposo nessa vida! Nós dois e Merlos éramos uma família. Mas Merlos, claro, eu pensava agora, não sabia disso. Sendo uma criança, e portanto não recordando do passado, não podia saber. Oh, Deus! Então era isso!
Acordei do meu "sonho", levantei e pus-me a caminhar nas águas. De repente, ouvi uma voz atrás de mim.

— Mel!
Virei-me e vi Caio! Atirei-me em seus braços.
— Caio! Meu amor! Lidzi!
— Minha Anne! Acabamos nos reencontrando afinal!
— Lidzi! Não recordo como foi... que nos separamos!
— Lembraremos tudo juntos ainda, meu amor. Sei, no entanto, que fui para uma outra batalha, e não voltei mais. Você sofreu, Anne?
— Eu... não sei. Não recordei ainda. Mas se o amava tanto!
— Minha querida! Anne!
E ele me beijou vezes sem conta. Olhamos depois para a serra, o lindo Sol vermelho agora se punha. De repente, pensei no presente. Ciumenta, perguntei:
— E... Luiza?
Caio/Lidzi riu:
— Oh, Luiza! Anne! Como pode pensar em Luiza! Foi só uma namorada! Ela está feliz na Terra, com o seu noivo!
— Noivo?
Ele riu.
— A vida continua, Mel! Luiza tem de ser feliz!
Eu o abracei. Olhei o céu vermelho. Estava emocionada. Murmurei:
— E agora, Caio? O que será de nós, agora que nos lembramos?
Ele acariciou meu rosto.
— Mas então não compreende, querida? Se Deus permitiu que nos lembrássemos é porque devemos nos unir. Afinal, somos almas gêmeas!
— Sim, meu amor — uma lágrima brotou em meus olhos. — Bem, Merlos me disse que eu encontraria no astral o meu amor!
Ele sorriu.
— Está lindo e inteligente o nosso Mitri, não?
— Ele nunca se lembrará, Lidzi?
— No tempo certo, Anne. Não será já.
— Acho que... ele ainda tem tarefas a cumprir, como criança.
— Sim, como anjoelo, Mel. A Sociedade do Jesus Cristinho precisa muito dele. E os seus protegidos, como você e eu.
Sequei minhas lágrimas.
— Eu, eu amo tanto vocês!
Ele me abraçou mais fortemente.
— Juntos seremos felizes, amor. Vamos nos desenvolver espiritualmente, mais e mais.

Caio me beijou e, de mãos dadas, caminhamos pela praia linda e poética, por mais uma hora, até que anoiteceu. A divina Lua banhava o mar e o nosso amor brilhava com uma luz e um calor.. como o Sol e a Lua.
Ouvi a voz doce de Caio:
— O acaso, Mel, não existe. O destino nos uniu.
Estávamos abraçados, extasiados com tanta beleza, e naturalmente enlevados por tanto amor, quando ouvimos uma vozinha:
— Hum-hum... — a voz pigarreou. — Acho que é hora de voltar!
Nós nos viramos e vimos... Merlos, é claro. Tinha os olhos brilhantes; mesmo sem saber que éramos sua família, parecia bem contente por nos ver juntos.
Ele estufou o peito.
— Sei que estão namorando, mas há uma pessoa no Sítio Spirity que espera para ver você, Mel.
— E quem é?
— Hum... Alice, é claro.

Capítulo XV

No Rastro das Estrelas

Cheguei, com Caio e Merlos, ao Sítio Spirity, à noitinha. Uma suave Lua rosada brilhava. Tudo era calmo e maravilhoso. Alice veio nos receber, emocionada.

— Meus queridos! — e nos abraçou, um a um. — Quanta falta senti de vocês!

Merlos disse:

— Estão todos bem cuidados. Tenho cumprido minhas obrigações!

Alice sorriu.

— Sei disso, Merlos. Estava distante, mas sempre acompanhando os passos de vocês. Gostei do desfecho que deu para o caso de Leivo.

— Ah! Aquele peralta! — retrucou Merlos. — Agora está bem, aqui no astral.

— Sim, ele está feliz. Parabéns, Merlos.

— Ora! Não fiz nada de mais! E Mel me ajudou! — Ele coçou o nariz e se afastou. Foi ter com Aline, que trazia um coelho para brincar com alguns garotos.

Caio riu:

— Merlos é vaidoso, mas depois se envergonha de sua própria vaidade!

Alice riu também:

— Ele é só uma criança — fitou-nos nos olhos. — A criança de vocês!

Eu disse:

— Então já sabe que nos recordamos.

— Sim, eu sei. Mas nada devemos dizer a Merlos. Ele ainda não poderia entender.
— Sabemos disso. Deixemo-lo curtir sua infância. Terá tempo para tudo, não é?
— Sem dúvida — disse Alice. — No entanto, ele, sem mesmo entender muito por que, ama demais os dois!
— Como nós sempre o amamos! — concluiu Caio. — Mesmo antes de saber!
— Sim — disse Alice. — Bem, Mel querida! Estou aqui para vê-la. Estou muito feliz por vocês dois!
— Afinal, encontrei a minha alma gêmea!
— Sim. Poderá se sentir mais feliz agora.
— Parece que tudo está dando certo.
— E na Terra também! — disse, sorrindo, Alice. Impôs a mão sobre seu computador de pulso e a tela virtual surgiu: — Olhe só!
Olhamos para a tela e vimos ali imagens da Terra: meus pais chegando num hospital.
— O que houve? — perguntei, aflita.
— Ora, Mel! — Alice riu. — Esta é uma maternidade! Não adivinha por que estão aqui?
— Então o bebê vai nascer!
— Não é maravilhoso, Mel?
— É incrível! — meus olhos se encheram de água. — Poderão ser verdadeiramente felizes agora!
Os médicos deitaram mamãe numa maca e levaram-na para a sala de parto. Papai corria atrás, aflito. Dizia:
— Ana! Estou aqui! Estou aqui!
Alice apagou as imagens.
— Bem, agora vamos deixá-los na intimidade. Posso assegurar que Fabinho, seu irmão, vai nascer com saúde e disposição!
— Um dia quero visitá-los!
— Oh, esse dia chegará! — ela riu.
Merlos aproximou-se, trazendo o coelho. Parecia bem contente.
— Olhem só! — disse ele. — Esse é Mourinha! Não é lindo?
— Muito lindo!
— Ganhei de Aline. Vou dá-lo a Leivo. Acho que ele vai adorar!
— Bom menino! — disse Alice. — Leivo vai ficar feliz!
— Sabia, Mel, que dei a festa para ele, na casa do Jesus Cristinho? Uma festa só para crianças! Ele conheceu os anjoelos e fez novos amigos. Foi uma tarde muito legal!

— Ele vai ser um anjoelo também? — perguntou Caio. Merlos franziu o cenho:
— Ora, anjoelo! Não se pode ir virando anjoelo assim, a torto e a direito, só porque é uma criança!
— Está certo, desculpe!
— Anjoelos — completou Alice — são escolhidos por capacidades morais especiais, como a caridade e a bondade.
— E a esperteza também! — disse Merlos, calando-se em seguida, um tanto vexado.
Alice perguntou:
— E como anda agora o nosso Leivo?
— Bem, talvez possa tornar-se mascote da Sociedade do Jesus Cristinho. Acho que pode continuar criança por mais algum tempo! — disse Merlos. — Sinto que ele está feliz assim, sente-se "aconchegado", compreende? — e piscou um olho para mim.
— Sei, sei — disse Alice.
— Não pensa mais em fugir para a Terra. Visitou sua família com Grimaldo e se comportou bem.
— Bem — concluiu Alice — é assim que tem de ser!
— Eu sabia que tudo ia terminar bem — arrematou o anjoelo. Depois olhou para Caio e para mim. Esperou Caio me dar um beijo e comentou, com um sorriso nos lábios:
— Eu não disse que ia encontrar sua alma gêmea?
— Tinha razão, filósofo! Você sempre acerta! — riu Caio. Eu disse:
— Mas também falou que ia demorar mais!
— Ah! Não queria deixá-la ansiosa, esperando dia após dia! Não foi boa a surpresa?
Eu olhei para Caio. Senti um incrível amor.
— Sim, tem razão. Adorei a surpresa!
O anjoelo balançou a cabeça.
— Para isso serve não desenvolver a intuição ou telepatia. Caso contrário, teria estragado a surpresa.
Olhei para Merlos, espantada. E ri. Caio, então, tomou meu rosto entre as mãos e me beijou. Quando abri os olhos, Merlos tinha sumido! Alice estava com o coelhinho Mourinha no colo.
— Onde está o anjoelo?!
Ela riu.
— Acho que teve ciúmes! Desapareceu! Mas voltará, pois esqueceu o coelho!

— Esse Merlos!
Alice largou o animalzinho na grama e tomou minhas mãos.
— Minha querida! A partir de agora, terá uma nova missão!
— E qual será?
— Irá com Caio para Luz do Amor e lá começará um novo trabalho, ao lado dele.
— Mas isso é maravilhoso! Bem, por um lado, claro que quero estar ao lado de Caio e trabalhar, mas... — olhei em torno: desde já sentia saudade do meu sítio, e de tudo — sentirei falta de Solar do Sonho... de Merlos, de você... de tudo!
Alice disse:
— Mel, querida! A vida é movimento. É evolução. Está preparada agora para um trabalho mais denso, como esse que Caio realiza com os suicidas. Não deve lamentar, mas agradecer. Se a espiritualidade superior deposita em você mais responsabilidade é porque assim o quis a Providência.
Caio sorriu.
— Alice tem razão, meu amor. E, além do mais, não perderemos contato com Merlos, nem deixaremos de visitar Solar do Sonho.
— Sim... mas eu sinto que...
Alice aquiesceu:
— Talvez se separe de Merlos por um período... mas suportará. Dia chegará em que estaremos todos reunidos outra vez.
Uma lágrima subiu à minha garganta.
— Sim, Alice. Vou tentar dar o melhor de mim no trabalho. Não vou esmorecer, nem perder a esperança!
— Assim é que se fala! — ela abraçou Caio e a mim; olhou um e outro e sorriu. — Meus queridos, tenho de partir agora! Não tem jeito!
— É uma despedida, Alice? — balbuciei — Ela tentou sorrir:
— Sim, Mel. Parto agora para a Fase Dois da Concentração Angelina.
— Sentiremos saudades! — e beijei suas faces. Ela estava emocionada. Beijou-me e a Caio também, dizendo:
— Não esqueçam de devolver o coelhinho a Merlos!
— Alice!
— Devo ir agora! Mas deixe de lágrimas, Mel! Isso é importante para mim! É maravilhoso! Em breve, poderei me tornar um espírito angélico!

— Sim, Alice — eu sorri. — Estou feliz por você!
— Eu também — disse Caio. Alice, então, sem dizer mais nada, beijou-nos uma vez mais e começou a volitar. Mais adiante, ainda voltou-se e acenou para nós dois. Depois partiu.
Olhei para Caio. Meus olhos estavam úmidos. Ele os beijou.
— Meu amor. Vamos ser felizes!
Eu ri.
— Oh, sou feliz, Caio! Sou feliz como nunca!
Caio, então, me enlaçou e beijou-me. De repente, ouvimos uma vozinha impertinente:
— Mas que coisa! Agora só pensam em namorar!
Nos voltamos e deparamos com Merlos, claro. Tinha as mãos na cintura e estalava a língua. Perguntou:
— Onde está Mourinha?
Eu ri.
— Ah, veio buscá-lo? Sumiu com tanta pressa que o esqueceu!
Ele fez um muxoxo.
— Não voltei só para buscá-lo. Voltei porque... cadê Alice?
— Receio que ela já tenha partido!
— Oh, que pena — coçou o queixo. — Bem, estou mentindo. Já me despedi de Alice antes de vir para cá. Voltei para... vê-la, Mel!
Eu apertei as bochechas do garoto:
— Está bem, anjoelo. Faço de conta que acredito.
Ele cruzou os braços, pareceu se ofender.
— Acha agora que só esse aí — fez um sinal, apontando Caio — é que gosta de você?
Caio e eu nos entreolhamos e rimos. Então o filósofo tinha mesmo ciúme!
Caio pigarreou e mudou de assunto:
— Mas está uma linda noite, não?
— Sim — suspirou Merlos — uma linda noite que fala... de amor.
Eu me espantei:
— Amor?
— Oh-oh — ele retrucou — não falo só desse amor aí de vocês, esse — frisou bem as palavras, com um certo desdém — "amor de almas gêmeas"! Falo de todo o amor do mundo! — E ficou mais sério, com seu ar enigmático — o amor é a simplicidade do espírito. O amor converge para o amor.

— De que fala, Merlos?
— De Deus, é claro! Se Deus é amor, criou o espírito para o amor. E se o espírito converge para Deus, então o amor volta para o amor!
Caio balançou a cabeça:
— Isso faz sentido: tudo no Universo é Amor!
Toquei o rosto de Caio.
— A felicidade é amor.
Merlos balançou a cabeça, pensativo, depois disse:
— Sim, o amor traduz felicidade. Faz sentido, afinal.
Caio inclinou-se e beijou-me. O anjoelo pigarreou e gritou, para se fazer ouvir, como se estivéssemos surdos.
— Mel! Caio!
— S-sim?
— Por acaso a Alice disse que deverei me tornar... adulto?
— Hum... acho que não, — respondi.
Ele esfregou as mãos:
— Ainda bem. Ia ser muito chato ficar adulto e acabar com cara de bobo, como o Caio!
Disse isso e corou, e então, antes que Caio pudesse retrucar, Merlos puf... desapareceu! O coelhinho Mourinha surgiu de trás de uma árvore e pulou no meu colo. Gritei:
— Merlos! Merlos! Onde está você?
Não obtive resposta. Caio suspirou:
— Será que dessa vez ele foi embora?
— Merlos! — gritei uma vez mais — esqueceu o Mourinha!
— Olhei em torno, nem sinal de Merlos. Dei de ombros e disse para Caio:
— Bem... acho que o coelhinho terá de ficar comigo.
Acabei de pronunciar essas palavras e Merlos reapareceu. Tirou Mourinha dos meus braços.
— Dá aqui o meu Mourinha! Tenho de entregá-lo a Leivo, já disse! — Eu não pretendia roubá-lo, Merlos afagou o coelhinho. Depois seus olhos brilharam, parecia muito contente. Ele disse:
— Sabia que consegui dez ascensores para o trabalho dos Jesus-Cristinhos?
Foi minha vez de ficar contente.
— Ascensores! Maravilha, Merlos! Isso vai facilitar o trabalho!
— Sim, já que a maioria dos anjoelos volita muito mal e também dirige muito mal as ambulâncias comuns!

— Estou orgulhosa de você, Merlos!
Vi uma lágrima brincando nos seus olhinhos. E então o filósofo sorriu, emocionado.
— Mel, chegou a hora de nos despedirmos!
— V-vai partir também, meu amigo? Bem, Alice me alertou!
Ele balançou a cabeça.
— Oh-oh! É pouco tempo! Tenho muito trabalho em Saturno e Netuno. Vou ajudar na preparação desse último, para a colonização por Capela.
— Capelinos vão colonizar Netuno?
Os olhos dele brilharam mais.
— Esse vai ser um trabalho muito bonito. Num futuro próximo, terráqueos e capelinos se reencontrarão no Netuno colonizado. Sim, as duas humanidades separadas!
— P-puxa, Merlos! Isso é verdade?
— Você não imagina como estou contente! Afinal, terei meu planeta perfeito, com duas civilizações espiritualizadas.
— Você crê então — perguntou Caio — que a Terra, de fato, irá depurar-se e espiritualizar-se profundamente?
— Tudo aponta para isso. Aqui no astral, já damos isso como certo!
— Sim, é verdade — eu disse. — Já estudei muito sobre isso na escola.
O anjoelo secou furtivamente suas lágrimas e disse:
— Bem, Mel. Estou indo. Sabe? Vou sentir saudades!
— Eu também, Merlos. E, afinal, como vou ficar, sem minha guia e sem meu guia transitório?
— Acho que terá o novo guia de Caio, Justus, como seu guia transitório agora. Pelo menos por um tempo.
— Justus é muito legal — concordou Caio. — Foi um soldado romano. Está há um longo tempo na espiritualidade.
— Ele é muito sábio! — retrucou Merlos. — Vai gostar dele!
— Está bem. Parta despreocupado, filósofo!
— Sim... vou filosofar mais um pouco no trajeto.
— Sobre o que filosofará?
— Ah... sobre a felicidade, minha querida! Acho que é meu tema favorito!
Eu sorri.
— Merlos... acho que estou feliz!
Ele olhou para Caio.

— Sim... e será ainda mais feliz, Mel. Caio tem amor por você, de verdade.
Disse isso e corou. Balançou a cabeça.
— Blá-blá-blá! Quanta conversa fiada! Tenho de partir logo!
Abracei o menino com seu coelho.
— Seu coração só tem luz, Merlos! Você é um verdadeiro anjo!
— Anjoelo! — atalhou ele, beijando minhas faces. Despediu-se de Caio e começou a volitar.
— Adeus, amigos. Até a vista!
Merlos acenou para nós rumo às estrelas, que, por um momento mágico, pareciam brilhar mais. Eu murmurei:
— Adeus, Mitri. Meu filho!

Epílogo:

O Amor Está no Rastro da Felicidade!

Abracei Caio e deitei o rosto no seu peito. Não queria, mas comecei a chorar.
— Oh, Caio! Ele se foi!
Caio tomou meu rosto entre as mãos. Secou minhas lágrimas.
— Boba! Não! Estamos no astral, Mel! Não perdemos ninguém aqui. Iremos visitá-lo, muito em breve, você vai ver!
— Oh, sim! Sou boba! Acho que o amor sempre nos pega!
— Alegre-se, Mel! Se ama Merlos, alegre-se! O amor está no rastro da felicidade!
— Sim — eu disse, e sem querer, rememorei um poema que aprendi com Merlos:
"Lindo céu azul e singelo
Sou tão feliz porque o amor é tão belo!"
Eu sorri, olhei para as estrelas, o "rastro" que Merlos deixou. Tirei do bolso minha estrela-da-lua e a beijei. A luz de Merlos estava ali.
Apertei a mão de Caio.
— Sim... creio que tudo começa no amor!
Ele me beijou.
— Meu amor! Estamos juntos, finalmente!
Fitei os seus olhos serenos. Tinha o maior amor do mundo ali!
— Lidzi, meu amor! Somos felizes! E Mitri será feliz também!
— Sim, Anne! Venha! — ele me beijou uma vez mais. — Vamos partir agora!

Entramos na casa e nos despedimos de Aline e de todos. Depois, de mãos dadas com Caio, comecei a volitar rumo à Luz do Amor.

As estrelas foram passando por nós e, mágicas, nos "contavam" sobre o amor, a felicidade e a eternidade da vida. Eu compreendia tudo agora. Acho que, por meio do meu Merlos, me tornei um pouco filósofa.

FIM

Leitura Recomendada

CIDADE DOS ESPÍRITOS, A
A Vida no Mundo Espiritual
Rosabela Paz

O livro psicografado por Rosabela Paz é revelador e responde às mais importantes perguntas que nos fazemos enquanto encarnados: Para onde vamos? Qual será o nosso destino? Traz em suas linhas imagens emocionantes que tocam até os mais céticos. Muitos podem sentir como se estivessem revendo cenas que assistiram no mundo dos espíritos.

CASTELOS ESPIRITUAIS
A Vida no Universo Espiritual
Rosabela Paz

Escrito em uma linguagem simples, clara e objetiva, este livro é um guia para vivermos melhor, na certeza de que a passagem pela Terra nada mais é do que "uma gota no oceano da eternidade".

ENFIM JUNTOS
O Amor pode Atravessar Séculos...
Adreie Bakri

Acreditem ou não em reencarnação, todas as pessoas sonham em um dia encontrar sua alma gêmea e dividir com ela todos os momentos de sua vida, ou de suas vidas. Enfim Juntos relata a história de amor de Mário e Ana que, apesar de se amarem profundamente, passaram, vidas após vidas, resgatando erros para, enfim, poder viver o grande amor.

ALMAS ETERNAS
Valéria Lopes - Inspirado pelo Espírito Andorra

Almas Eternas é a seqüência da história de Entre o Amor e o Ódio - A Saga Romântica de Dois Espíritos Apaixonados, lançado pela Madras Editora, e certamente despertará a mesma atenção do leitor tendo em vista o seu conteúdo rico em lições que mostram que podemos entender as adversidades existentes em nossas vidas e superá-las com resignação, vencendo o ódio com amor para que, um dia, as almas que se amam se unam na eternidade...

TRAÇOS DO INFINITO
Francisco Gallo Neto - Inspirado pelo Espírito Carmen de Oliveira

Encontros e desencontros e a influência dos espíritos elevados e também daqueles que se encontram na escuridão, na vida dos personagens de Traços do Infinito, tornam esse romance muito envolvente, mostrando que a vida material e a espiritual são um ciclo, no qual os fatos vão se entrelaçando.

ENTRE O AMOR E O ÓDIO
A Saga Romântica de Dois Espíritos Apaixonados
Valéria Lopes

Na França de 1510 uma jovem foi queimada nas fogueiras da Inquisição, como bruxa. Tempos depois, seu espírito imortal, dividido entre o amor e o ódio, clama por justiça...

Leitura Recomendada

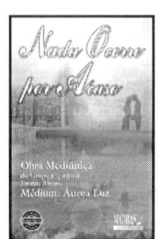

Nada Ocorre por Acaso
Obra Mediúnica do Grupo Espiritual Eterno Alento — Médium: Áurea Luz

Nada Ocorre por Acaso é um romance encantador que sintetiza a "passagem" numa ocorrência natural de nossa evolução, incapaz de separar almas afins. Você vai se emocionar com essa história!

Rastro de Luz
Semente de Amor, Colheita da Paz
Iara C. L. Pinheiro

Neste romance, os personagens são jovens desencarnados que aprendem nas colônias espirituais como a vida material pode servir para o crescimento do espírito e que os valores humanos devem passar por uma lente global que tudo vê sob o prisma do espírito e do Amor Divino dentro da Lei da Evolução.

Força do Pensamento Positivo, A
Sucesso e Prosperidade
Eunilto de Carvalho

Neste livro, você encontrará meios para expandir sua consciência divina e assim resolver todos os problemas, podendo ter uma vida repleta de paz, saúde, alegria, felicidade, prosperidade.

Reencontro...
O Despertar do Amor
Iara C. L. Pinheiro — Por Inspiração do Espírito Kahena

Este é um romance para ser lido com o coração; é uma obra que toca profundamente quem a lê, que mexe com os sentimentos íntimos e profundos, que traz à tona emoções sinceras e verdadeiras.

Batuíra
O Diabo e a Igreja
Eduardo Carvalho Monteiro

Esta obra traz episódios até então desconhecidos de um grande pioneiro do Espiritismo em São Paulo: Antônio Gonçalves da Silva "Batuíra", um homem singular que viveu na capital paulista no final do século XIX e início do XX. Era conhecido por Batuíra, o "velhinho de barbas brancas", notável filantropo e médium curador que nada cobrava pelas curas físicas e mentais que promovia, fossem seus assistidos pobres ou ricos.

Chico Xavier e Isabel, A Rainha Santa de Portugal
Eduardo Carvalho Monteiro

Chico Xavier e Isabel são espíritos afins, porque vivem um mesmo ideal. Suas vidas assemelhadas no amor à humanidade derrubam o tempo ordinário e o espaço insignificante, desprezando os rótulos religiosos para se atraírem na eternidade e servirem de exemplo a todos nós, espíritos peregrinos em busca de luz!

Leitura Recomendada

100 Anos de Comunicação Espírita em São Paulo
Eduardo Carvalho Monteiro

Eis uma obra que irá agradar por seu conteúdo histórico, resultado de um miticuloso trabalho de pesquisa feito pelo autor para registrar cem anos de comunicação espírita no Estado de São Paulo.

Mensagens de Além-Túmulo
Série de reportagens históricas sobre Chico Xavier em 1935
Luciano Klein Filho, Marcus V. Monteiro e Rogério Silva

A vida simples de quem não conheceu a ambição da fama, mas dedicou sua existência na propagação do amor, da paz e da fraternidade entre as criaturas é contada em *Mensagens de Além-Túmulo*.

Resumo Analítico das Obras de Allan Kardec
Florentino Barrera

Resumo Analítico das Obras de Allan Kardec retrata toda a trajetória do Codificador e estudioso dos fenômenos espíritas. Kardec foi pioneiro em revelar a atuação dos espíritos na humanidade, o que na visão dele não só contribuía para uma nova ordem cultural. Esta obra propiciará um estudo minucioso sobre a Doutrina Espírita.

História de um Sonho
Jorge Brito — Coordenação: Eduardo Carvalho Monteiro

História de Um Sonho, escrito por um dos vultos mais expressivos do espiritismo em terras brasileiras, o dr. Bezerra de Menezes, quando ainda em vida, é um envolvente relato espírita que mostra a atuação da justiça divina no processo evolutivo da humanidade.

Sempre por Amor
Ziley Edna Santiago Belardo — pelo espírito Uriel

Sempre por Amor apresenta uma história que envolve vários personagens que convivem com as dificuldades do dia-a-dia e que somente pela força do Amor conseguem vencê-las. O que poderia levar uma avó, como Noêmia, a não amar sua neta, a pequena Suelem? O que leva as pessoas de seu convívio, Nestor, Jonas, Suzana, Fred, Valentina e Rosária, a suportar tantos dissabores? A resposta a essas questões pode ser encontrada nas páginas desta obra.

Travessia do Amor
Eloisa de Sena Furtado Bolanho — Ditado pelos mentores da Casa Espiritual Eurípedes Barsanulfo

Esta história tem início, quando Simone, a protagonista do romance, está contemplando o mar e vê um rapaz se afogando; tenta salvá-lo, não consegue. *Travessia do Amor* retrata como esse grande sentimento, ainda pouco compreendido e vivenciado pelo ser humano, pode vencer a morte.

Leitura Recomendada

MILAGRES DOS NOSSOS DIAS, OS
August Bez

Aqui, o leitor tomará conhecimento da trajetória de Jean Hillaire e de suas manifestações mediúnicas, revolucionárias para a sua época. Homem simples, exerceu as humildes profissões de tamanqueiro e trabalhador rural. Era quase iletrado e vivia restrito à região de Charente-Inférieure, aldeia de Sonnac, sul da França. *Os Milagres dos Nossos Dias* recupera a trajetória de Jean Hillaire por meio da obra de Auguste Bez para os dias de hoje.

MUNDO PARALELO
A História da Criança que Vive Além da Morte
Neide Maganha

Com esta história verídica a autora vem mostrar que o Espiritismo é um bálsamo para nossas vidas e que quem dele fizer sua verdade viverá tempos melhores, de grandes descobertas, que facilitarão seus caminhos e objetivos.

LUZ DA VERDADE, À
Quando as máscaras caem,
o bem triunfa!
Priscila de Faria Gaspar
— pelo espírito Carlos

À *Luz da Verdade* leva o leitor a viajar ao passado para buscar as explicações para o momento presente. Centrado na metáfora do "cair das máscaras", ao longo da narrativa foram dados conhecimentos sobre a vida espiritual, trabalhos mediúnicos e Terapia de Vidas Passadas.

ANUÁRIO HISTÓRICO ESPÍRITA
Eduardo Carvalho Monteiro

Tem a finalidade de colaborar para o resgate da memória do Espiritismo no Brasil e no mundo, por meio de contribuições espontâneas em forma de artigos de historiadores e pesquisadores do Espiritismo dos mais variados rincões, alguns vindos do meio acadêmico, outros apenas obreiros do movimento espírita, mas que trazem dados históricos ricos em informações que engrandecem o conteúdo desta obra.

EXTRAORDINÁRIA VIDA DE JÉSUS GONÇALVES, A
Eduardo Carvalho Monteiro

Eis uma obra que traz uma biografia incomum, pois transcende os limites terrenos. A obra mostra a trajetória material e espiritual deste poeta nascido no interior paulista, no século passado. Era um ateu declarado que, no auge do seu drama marcado pela hanseníase, converteu-se ao Espiritismo, qual Saulo na Estrada de Damasco, e passa a defender os ideais espíritas com grande afinco.

RESUMO DA LEI DOS FENÔMENOS ESPÍRITAS
Coordenação: Eduardo Carvalho Monteiro

Eis um resgate a um dos trabalhos mais relevantes de autoria do Codificador do Espiritismo, Allan Kardec. Este manual foi feito, sobretudo, pensando nas pessoas que não possuem noção alguma de Espiritismo. Nos grupos e reuniões espíritas em que haja assistentes noviços, ele pode ser muito útil como preâmbulo às sessões, segundo a necessidade.

MADRAS® CADASTRO/MALA DIRETA
Editora
Envie este cadastro preenchido e passará a receber informações dos nossos lançamentos, nas áreas que determinar.

Nome _____

RG _____ CPF _____

Endereço Residencial _____

Bairro _____ Cidade _____ Estado ___

CEP _____ Fone _____

E-mail _____

Sexo ❑ Fem. ❑ Masc.   Nascimento _____

Profissão _____ Escolaridade (Nível/Curso) _____

Você compra livros:

❑ livrarias   ❑ feiras   ❑ telefone   ❑ Sedex livro (reembolso postal mais rápido)
❑ outros: _____

Quais os tipos de literatura que você lê:

❑ Jurídicos   ❑ Pedagogia   ❑ Business   ❑ Romances/espíritas
❑ Esoterismo ❑ Psicologia ❑ Saúde   ❑ Espíritas/doutrinas
❑ Bruxaria   ❑ Auto-ajuda ❑ Maçonaria ❑ Outros:

Qual a sua opinião a respeito dessa obra? _____
_____

Indique amigos que gostariam de receber MALA DIRETA:

Nome _____

Endereço Residencial _____

Bairro _____ Cidade _____ CEP _____

Nome do livro adquirido: ***O Filósofo***

Para receber catálogos, lista de preços e outras informações, escreva para:

MADRAS EDITORA LTDA.
Rua Paulo Gonçalves, 88 — Santana — 02403-020 — São Paulo/SP
Caixa Postal 12299 — CEP 02013-970 — SP
Tel.: (0_ _ 11) 6959-1127 — Fax.:(0_ _ 11) 6959-3090
www.madras.com.br

Este livro foi composto em Times New Roman, corpo 11/12.
Papel Offset 75g – Bahia Sul
Impressão e Acabamento
Gráfica Palas Athena – Rua Serra de Paracaina, 240 – Cambuci – São Paulo/SP
CEP 01522-020 – Tel.: (0_ _11) 3209-6288 – e-mail: editora@palasathena.org